호랑이 이생을 엿봤다니까

**친구와
함께 읽는
고전
006**

최랑이 이생을 엿봤다니까
-《금오신화》 단단히 읽기

펴낸날 | 2020년 3월 15일

원저 | 김시습
지은이 | 이양호

편집 | 정안숙, 정미영
일러스트 | 이진우
마케팅 | 홍석근

펴낸곳 | 도서출판 평사리 Common Life Books
출판신고 | 제313-2004-172 (2004년 7월 1일)
주 소 | 경기도 고양시 덕양구 중앙로558번길 16-16. 7층
전 화 | 02-706-1970 팩 스 | 02-706-1971
전자우편 | commonlifebooks@gmail.com

이양호 ⓒ 2020
ISBN 979-11-6023-256-1 (03160)
ISBN 979-11-6023-224-0 (세트)

친 구 와
함께 읽는
고 전
0 0 6

최랑이
이생을
엿봤다니까

《금오신화》 단단히 읽기

김시습 원저 | 이양호 지음

평사리
Common Life Books

최랑에게서 조선의 여성을 다시 본다

서양에 줄리엣이 있다면, 우리에겐 최랑이 있다. 춘향과도 다르고, 심청과도 다른 최랑이 있다. 최랑은 누구인가? 조선이 낳은 천재 김시습이 형상화한 인물이다. 그가 지은 《금오신화》라는 작품집 안에 들어 있는 한 소설, 〈이생규장전(이생이 담장 너머를 엿보다)〉의 주인공이다.

　이 소설을 읽으면 '조선 시대에 도대체 이런 소설이 가능했단 말인가?'를 연발하게 된다. 물리적인 삶을 넘어 전개되는 스케일과 인생의 깊이도 그렇지만, 무엇보다도 최랑이라는 한 여성이 뿜어내는 주체성이 '조선 여인'에 대한 기존 이미지와는 도무지 맞지 않기 때문이다. 소설이라는 장르의 특성상 현실과 완전히 동떨어진 이야기를 쓸 수 있어서 그랬을까?

김시습보다 한참 뒤에 살았던 사람이 한 말이지만, 김시습의 소설이 환상이 아닐 수도 있겠다는 생각을 하게 하는 글이 있다. 아내 강정일당(1772~1832년)이 죽자, 남편 윤광연이 죽은 아내에게 남긴 글(〈죽은 아내 강씨를 위한 제문〉)이 그것이다.

아, 이 얼마나 슬픈 일인가. 내 아내가 죽다니! 공부하다가 의심나는 것이 있으면 누가 내 의심을 풀어줄 것이며, …… 내게 잘못이 있으면 누가 나를 바로잡아주겠소.

학문이 출중하여 남편의 부족한 공부를 바로잡아주는 아내, 남편의 잘못된 행실을 꾸짖는 아내라니 놀랍다. 성리학이 널리 퍼져 남·녀 간의 차별이 가장 극심했다는 18세기 말에서 19세기 초를 살았던 사람의 말이라니 더욱 놀랍다. 남편 스스로 밝힌 것이니 공연한 소리는 아닐 것이다. 사실이기로서니, 그런 사실이 남편은 부끄럽지(?)도 않았을까? 하지만 그는 부끄러워하기는커녕 한술 더 떴다. 부인이지만 존경하는 스승과 같았다고 그는 당당히 밝혔다.

부부지간이지만, [당신은] 엄숙해서 마치 존귀한 스승 같았습니다. …… 당신과 마주하고 앉아 있을 때는 신명을 마주하는 듯했고, 당신과 말을 나눌 때는 내 눈은 멀었었구나 하는 느낌이 들었습니다.

조선 남정네의 이런 글을 읽고 있으면 혼란스럽다. 풍문으로 들어왔던 '조선 남정네와 조선 여인네의 관계'와 이 말이 영 틀어져 있기 때문이다. 풍문은 풍문으로서 진실을 담고 있다. 하지만 풍문의 한계 또한 또렷하다. 맑은 눈으로 직접 그 현장을 보아야 한다. 흘러간 시간을 무슨 수로 거꾸로 올라가서 되짚어 볼 수 있단 말인가?

문학을 통해서라면, 과거를 흐릿하게나마 보는 듯 느낄 수 있다. 문학은 물리적 사실을 보여주지는 못하지만, 문학적 진실을 형상화하고 있어서이다. 조선의 천재 김시습이 〈이생규장전〉에서 빚어낸 최랑과 그의 남편 이생에게서 우리는 그 한 자락을 볼 수 있다. 열여섯 처녀와 열여덟 사내 사이에서 일어났다고는 도무지 믿어지지 않는 놀라운 일이 벌어진다.

우리는 세계 역사상 최초로 양성평등의 문제가 화두가 된 시대를 살고 있다. 이 책이 현대의 양성평등 논의를 따라가기엔 힘이 부친다. 무엇보다도 유럽의 여성과 마찬가지로, 조선의 여성 역시 국가라는 '공적인 세계'에 참여할 수 없었다. 〈이생규장전〉도 이런 시대적 한계 속에 있는 게 틀림없지만, 그것에 갇혀 있는 것만은 아니다.《로미오와 줄리엣》이 시대적인 한계에도 불구하고 고전적이고 문학적인 가치가 있다면, 〈이생규장전〉 역시 고전적이고 문학적인 면에서 그만한 가치는 있다. 양성평등의 문제에서도 그렇다. 아니,

그 이상을 확인하는 자리가 될 것이다.

지금의 풍문과는 다른, 조선 시대 여인들의 모습을 구체적으로 만나고 싶거든, 책 뒤쪽에 있는 〈덧붙이는 글〉을 우선 읽을 것을 권한다. 40쪽에 이르는 글이다. 풍문은 그저 풍문일 뿐일 수도 있다는 것을 확인할 수 있을 것이다.

보정산방에서 이양호 씀

| 차 례 |

함께 읽는 사람들

 야옹샘　본명은 '이양호'인데, 호가 '야옹野翁(들 야, 늙은이 옹)'이다. 야옹샘 스스로도 알아차리지 못했지만, 본명의 발음과 비슷한 '야옹'으로 누군가에 의해 호가 지어졌고, 야옹샘이라고 부르게 되었다. 아이들은 선생님이 없을 때 '야옹~!' 하며 놀리기도 한다. 실제 생김새도 고양이를 닮았다. 웃을 때 눈가에 주름이 잡혀있고 입가에는 고양이 수염이 난 듯하다(만약 전생이 있다면 고양이였을지도 모른다). 야옹샘은 시대의 배경 지식, 후대의 역사 논쟁들, 동서양의 비슷한 사례 등을 밝혀서 학생들이 좀 더 풍부하게 고전을 이해할 수 있도록 도움을 준다.

캐순이 조금만 의심이 가도 그냥 넘어가는 법이 없는 '캐순이'는 깨알 같은 질문을 퍼부어, 역사 인물들의 꿍꿍이를 거침없이 헤집어 낸다. 이생의 속내를 파악하는 데 도움을 주고 조선 시대 여성의 삶을 새롭게 발견한다.

뭉술이 공부보다 먹는 것을 더 좋아하는 '뭉술이'는 엉뚱한 질문으로 곧잘 모두를 당황하게 하지만, 다른 친구들에게는 없는 직관과 감수성으로 역사 속 사건과 인물을 마주하게 해준다.

범식이 틈만 나면 동네 도서관에 가서 책을 읽는 전교 1등 범생이 '범식이'는 얼굴도 잘생긴 데다 모르는 게 없을 정도로 두루두루 해박하다. 친구들이 생각의 가지를 사방팔방으로 뻗쳐 나가게 해준다.

01

이생,
당장 너머로
희망을 엿보다

송도에 이생*이 살고 있었다. 낙타다리 옆에서 살았는데, 나이는 열여덟이었다. 풍채 좋고 재주도 빼어났으며, 날마다 국학國學(고려의 최고 교육기관)에 다녔다. 오가는 길에서 늘 시를 읊었다. 선죽리善竹里에 대갓집 최씨 댁이 있었는데, 그 집에 나이가 열대여섯인 아가씨가 있었다. 그녀는 너무나도 아름답고 숙성했는데, 바느질 솜씨도 놀라웠다. 게다가 시와 글도 빼어나게 잘 지었다. 사람들은 그들을 두고 말했다.

풍류 넘치는가, 이 도령
어여쁘구나, 최 낭자
재주와 얼굴도 먹는 것이라면
배고픔 싹 가시겠네.

이생은 책을 끼고 공부하러 국학으로 갈 때 늘 최씨 집을 지나가야 했다. 그 집 뒤쪽 담장 밖에는 수양버들 수십 그루가 간

---

* 원문 한자는 李生이다. '이李'는 성씨, '생生'은 학식과 덕행은 높으나 벼슬하지 않은 사람이란 뜻으로 '선비'를 말한다.

들간들 버들잎을 늘어뜨린 채 줄지어 있었다. 이생이 버드나무 아래에서 쉬다가 어느 날 담 안을 슬쩍 들여다보았다. 꽃은 활짝 피었고, 벌과 나비가 그 사이를 요란스레 날고 있었다. 꽃떨기 사이로 조그마한 별당이 살짝 보였다. 주렴이 반쯤 걷혀 있고, 비단 휘장이 낮게 드리워져 있었다. 그 안에 아름다운 아가씨가 있었다.

아가씨는 수놓기도 지겨운 듯 바늘을 놓더니, 턱을 괴고서 노래를 부르기 시작했다.

사창에 홀로 앉아 수놓기도 지쳤는데
우거진 꽃떨기에 꾀꼬리 소리 요란하구나.
부질없는 봄바람이 원망스러워
말없이 바늘 놓고 뜬생각에 잠기네.

길 가는 저 도련님 뉘 집 도련님인가?
청도포 늘인 띠만 버들 사이로 보이누나.
어찌해야 제비 되어 마당 위를 날 수 있을까?
구슬 드리운 발 걷어차고 담장 넘어갈거나.

뭉술	이생은 좋겠다. 예쁜 소녀가 '담장이라도 뛰어넘어 오겠다' 고 하니.
캐순	그렇기도 하겠지만, 나에겐 충격이야. 조선 시대 여성이 이 정도로 남녀 사이의 사귐을 주도하는 작품이 있었다는 게. 정말로 조선 시대 때 작품이 맞기는 맞는 거야?
범식	맞아. 하지만 배경은 고려 말 공민왕 때야.
뭉술	그걸 어떻게 알아?
범식	이 작품 뒤쪽에 "홍건적이 우리나라를 쳐들어왔다. 적들이 우리 도읍까지 점령하자 왕은 복주(안동)로 피난하였다."는 말이 있거든.
캐순	배경이 고려 시대여서 젊은 남녀의 만남을 스스럼없이 설정했구나.
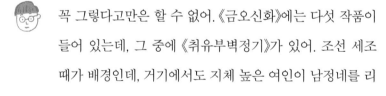	꼭 그렇다고만은 할 수 없어. 《금오신화》에는 다섯 작품이 들어 있는데, 그 중에 《취유부벽정기》가 있어. 조선 세조 때가 배경인데, 거기에서도 지체 높은 여인이 남정네를 리드하거든.

이생은 아가씨의 노래를 듣고서 싱숭생숭 설레는 마음을 좀체 억누를 수 없었지만, 그 집 담장은 높아서 몇 길이나 되었고, 솟을대문 문고리도 굳게 걸려 있었다. 그윽한 남의 집 뒷담을 함

부로 넘어갈 수도 없는 형편이라 섭섭한 마음을 억누르면서 그 자리를 떠났다.

캐순   아가씨가 그 정도로 마음을 밝혔는데도 발길을 돌리다니! 이생이라는 이 인간, 용기가 너무 없다.

범식   담장이 높았다고 하잖아~ 대문도 잠겨 있었고.

뭉술   뒷담을 넘으면 되잖아?

캐순   "뒷담을 함부로 넘어갈 수도 없는 형편"이라고 했어. 왜 안 되는 거지?

범식   "국학에 다니며" 글공부를 하는 선비가 담을 넘을 수는 없지.

뭉술   선비는 사람이 아닌가~ 뭐.

캐순   열여덟 살이면 고등학교 2학년인데 선비라고 할 수 있나?

야옹샘 공부를 잘 하고 행실이 바르면, 그 나이쯤에는 선비란 소리를 들을 수 있었던 것 같아요.

뭉술   조선 시대에 태어났으면 나도 선비 소릴 들었겠네.

캐순   그럼 뭉 선비, 범 선비라고 해야 하나? ㅎㅎ

뭉술   너는 캐 선비지.

범식   여자를 누가 선비라고 하냐?

야옹샘 조선 중기 여류시인 송덕봉은 분명 여자선비란 소릴 들었어요. 풍자나 비꼼이 아니라, 정말 깊은 존경심을 갖고 그렇게 불렀어요. 이호민이 유희춘(1513~1577년)의 생애를 알리면서 유희춘의 아내 송덕봉에 대해 다음처럼 말했어요. "그의 아내는 타고난 천성이 명민했고, 경전과 역사책을 두루 섭렵하여 여자선비와 같은 풍모가 있었다."

캐순 샘! 송덕봉 말고 선비란 소리를 들은 여성이 또 없나요?

야옹샘 빙허각 이씨(1759~1824년)도 여자선비란 소릴 들었어요. 이 분은 열다섯에 결혼을 했는데, 시집 온 초년에 다섯 살 아래인 시동생 서유구(1764~1845년)를 직접 가르치기도 했죠.

뭉술 조선에서 어떻게 이런 일이 일어날 수 있었지? 조선 여성은 한글은 알아도 한문은 배울 수 없었잖아.

범식 잘 몰라서 그렇지, 조선 여인 중에 한문으로 시를 지은 분도 많다고 들었어. 빙허각도 그 중 한 분이며《규합총서》, 《빙허각시집》,《청규박물지》를 저술한 대학자이지.

윤지당(1721~1793년)이란 분은 성리학에도 일가견을 가져 철학 저술을 남겼을 정도예요. 조선 6대 성리학자 중 한 분으로 일컬어지는 임성주에게서 배워 그의 학문을 이었는데, 다음과 같이 임성주가 죽기 전에 그의 학문이 윤지당을 통해 내려가길 바라는 듯한 편지를 남기기도 했죠.

"내 나이 여든에 가까우니 이제 죽어도 애석할 게 없네만, 하고자 했던 뜻을 이루지 못한 것이 큰 한이 될까 두렵네. 한유[*]가 했던, '도道가 나로 말미암아 전해질 수 있다면 죽어도 한이 없다'는 말이 진정으로 절실한 말이었음을 내 알겠네."[**]

캐순   그래서 윤지당은 어떻게 했나요?

아옹샘 임성주가 윤지당에게 한 말, '우리의 도道가 나로 말미암아 전해질 수 있다면 죽어도 한이 없다'는 유언에 윤지당은 정신이 번쩍 든 것 같아요. 그래서 결혼 전부터 유학의 핵심적인 사상에 대해 깊이 헤아렸지만, 임성주의 유언 뒤엔 공부에 더욱 매진했던 것 같아요. 나이가 지긋하게 되었을 때, 윤지당은 그때까지 손수 연구해 써 놓았던 글을 수습한 뒤, 다음처럼 종이에 또박또박 써내려갔어요.

　　"어려서부터 나는 성리학이 있다는 것을 알았다. 점차 자라게 되면서 그것을 더욱 좋아하게 되었다. 마치 입에 고기가 들어가는 듯해 그만두려고 해도 그럴 수 없었다. 이에 여성이라는 점에 구애되지 않고, 마음을 가라앉히고서 성현의 책을 묵묵히 궁구했다. …… 나이가 들어가며 언제 죽을지 모른다는 생각이 들자 (내가 밝힌 견해도) 하루아침에

[*]　당나라 때 문장가이자 사상가로 송나라 학자들에게 많은 영향을 주었다. 한퇴지라고도 하며 768~824년에 살았다.

[**]　임윤지당,《윤지당유고允摯堂遺稿》하편,〈제중씨녹문선생문祭仲氏鹿門先生文〉, 1796.

풀과 나무처럼 썩어 없어져버리지나 않을까  걱정이 되었다. 그래서 집안 살림을 하는 틈틈이 글을 썼다. …… 내 죽은 뒤 이것이 항아리를 덮는 종이가 된다면 이 얼마나 비통한 일이겠는가? 그래서 이것을 수습해 한 묶음으로 엮어 아들 재준에게 준다."[*]

범식   한문으로 성리학 이론을 밝힌 책을 냈다는 거죠?

야옹샘   옙!

뭉술   조선 시대에 그래도 괜찮았나요?

 당시 사람들은 윤지당의 학술 작업을 비판하기는커녕 오히려 높이 받들었어요. 이민보(1720~1799년)는 윤지당의 글을 보고 "천부적인 식견을 타고났으며, 성리학과 인의(仁義)의 논의에 있어서는 고금의 여성들 중에서 으뜸"이라 했고요. 윤지당의 친동생 임정주와 시동생 신광우는 윤지당의 글이 사라지지 않도록 《윤지당유고》란 이름으로 책을 간행해주었어요. 그 책을 읽고 유한준(1732~1811년)은 감동해 다음처럼 밝혔고요. "풍천 임씨에 여성 군자(女君子)가 있었다. 호가 윤지당인 분이다. …… 《윤지당유고》를 보았는

---

[*]   임윤지당, 《윤지당유고》 하편, 〈제망아재준문祭亡兒在竣文〉, 1796.

데 인성과 천명, 인심과 도심을 분석하는 내용도 들어 있다. 그 깊이가 심오하고 독창적이다. …… 역사를 논평한 것도 정밀하고 투철할 뿐만 아니라 조리를 갖추었다. 그 문장은 어떤 분야이든지 상세하면서도 번잡스럽지 않고, 은근하면서 박절하지 않으니 외울 만하다. 아, 이채로운 문장이구나!"[*] 또한 이규상(1727~1799년)은 "부인이 성리학과 문장을 잘했다는 것을 익히 들었다. …… 그 견식과 문장 솜씨가 스스로 일가(학파)를 이루고 있다"[**]고 했죠.

범식   조선의 여성들이 집안 살림만 했던 것은 아니구나!

캐순   범식이 너, 집안일을 우습게 여기는 거 아니야?

범식   그런 건 아니지만…….

뭉술   집안 살림 없이는 집 밖의 일도 있을 수 없잖아?

캐순   당연하지! 그래서 그런데, 나는 '집안일'에 적극적으로 의미 부여를 할 필요가 있다고 생각해.

범식   집안일이 직접적으로는 생산적인 일은 아니라지만, 생산적인 일의 바탕이 된다고는 할 수 있으니까. 지금보다는 더 의미를 부여해도 괜찮으리라 생각해.

 꼭 생산적이어야만 의미가 있는 거니? 그리고 왜 집안일이

[*]   유한준兪漢雋, 《자저自著》 준본準本1, 〈윤지당고서允摯堂稿序〉.

[**]   박무영 외 지음, 《조선의 여성들, 부자유한 시대에 너무나 비범했던》, 돌베개, 2004, 189쪽.

생산적이지 않지?

범식   생산성이란 경제적인 의미거든. 경제적인 의미에서 재화를 직접적으로 만들어 낸 것만을 생산적이라고 하지.

캐순   재화를 만들어 내는 것만을 생산적이라고 하는 이론은 문제가 있는 이론이라고 생각해.

야옹샘   집안 살림살이를 특별히 의미 있는 일이라고 여기지 않은 데에는 서양의 영향이 컸다고 할 수 있죠. 최소한 조선 시대엔 집안 살림살이에 큰 의미를 부여했거든요.

범식   그 구체적인 증거가 있나요?

야옹샘   조선 후기에 대단한 존경을 받았던 두 여성이 모두 음식 조리서*를 남긴 게 그 증거라 할 수 있죠. '안동 장씨'로 더 잘 알려져 있는 장계향(1598~1680년), 빙허각 이씨가 그분들이에요.

캐순   쌤! 이분들이 얼마나 큰 존경을 받았나요? 이분들에 대해 살짝만 말씀해주세요.

야옹샘   옙! 장계향과 빙허각은 그 시대에 쩡쩡 울렸던 분들이에요. 자세한 건 다음으로 미루고, 이분들이 남긴 음식 조리책 관련해서만 말씀드릴게요. 안동 장씨 장계향은 《음식디

---

*   '요리책'이 흔한 말이지만, '요리'는 일본에서 수입한 낱말이고, 조리에 들어 있는 뜻도 좋아 '조리서'라 했다. 한자로 조리條理이다. 음식에 들어 있는 '이치의 맥락'이라는 뜻이다.

미방》*을 썼어요. 이 책은 동아시아에서 여성이 쓴 첫 음식 조리서이자 첫 한글 조리서예요. 뒤에 나온 조리서들의 근원이 되었으며, 서유구의 《임원경제지》와 빙허각의 《규합총서》는 실학적 저술의 뿌리가 된 책이기도 하죠.

범식 　그렇다면, 장계향은 17세기에 이미 실학적인 의식을 드러낸 셈이네요?

야옹샘 　맞아요. 《음식디미방》은 조선의 음식 문화를 이해하는 데 빼놓을 수 없는 귀중한 자료인데, 총 146가지의 조리법을 세 범주로 나누어 설명했어요. 국수와 떡(18가지), 고기와 물고기 조리법(74가지), 술과 식초(54가지)로 나누었죠. 이 책은 국어학적 관점에서도 귀중한데, 17세기 우리말의 실상이 이 책에 잘 드러나 있거든요. 조선어 특히 경상북도 북부 지역의 음운, 문법, 어휘 등을 연구할 수 있는 중요 자료이지요.

캐순 　장계향이란 분은 자신의 책 《음식디미방》에 자부심이 있었나요?

야옹샘 　자부심까진 모르겠고, 아주 중요한 책이라는 생각은 했어요. 《음식디미방》 끝에 이렇게 썼거든요.

* 　'디'는 지知의 옛 음으로 보아, '음식디미방飮食知味方'은 '음식 맛을 낼 줄 아는 방문方文'이라는 뜻으로 푸는 게 일반적이다.

"이 책을 이렇게 눈이 어두운데 간신히 썼으니, 이 뜻을 알아 이대로 시행하여라. 딸자식들은 각기 베껴 가되, 절대 이 책을 가져갈 생각일랑 하지 말라. 부디 상하지 않게 간수하여 빨리 헤져 버리는 일이 없게 하여라."

뭉술   자부심도 있었다고 봐야겠는데요.

캐순   장계향이란 분은 어느 정도 존경을 받았어요?

야옹샘   캐순이가 이분에게 관심이 많군요. 조선의 서인이 신사임당을 표상으로 삼았다면, 남인은 바로 이분을 표상으로 삼았을 정도예요.

범식   정말 그 정도로 여겨진 분이 음식 조리서를 썼단 말이에요?

 옙! 그리고 빙허각 이씨는 《규합총서》를 지었어요. 빙허각은 서문에서 "이것들 모두는 생명을 키우는 데 있어 먼저 힘써야 할 것들이요, 집안을 다스리는 요법이다. 그러니 일용생활에 없어서는 안 될 것이요, 부녀가 마땅히 강구해야 할 것이다"라고 밝혔어요. 이 책에는 옷 만드는 법, 물들이는 법, 길쌈, 수놓기부터 밭을 갈고 가꾸는 법, 말이나 소 등 가축을 기르는 법, 그리고 태교 및 아기 기르는 법 및 구급약까지 집안 살림살이에 필요한 기본적이면서도 핵심적인 것이 망라되어 있어요.

범식   이분도 당시에 이름이 있었나요?

야옹샘 실학 책 중에 농업 등에 관한 백과전서인《임원경제지》라
       는 책이 있는데요. 이 책을 지은 분이 서유구인데, 그 서유
       구를 가르친 사람이 빙허각 이씨예요.

범식   뭐라고요! 여성이 남자를, 그것도 서유구를 가르쳤다고요?

야옹샘 옙! 서유구는 빙허각의 시동생으로 다섯 살 아래인데, 시
       집와서 그를 가르쳤다고 해요.

캐순   조선 시대에 형수가 시동생을 가르쳤다고요? 그거 정말이
       에요?

야옹샘 옙! 틀림없는 사실이에요.

범식   아~~ 내가 조선 시대에 대해 아는 게 뭐지?

야옹샘 지금부터라도 차근차근 알아가면 되니까 너무 의기소침해
       하진 마세요. 빙허각은 집안 살림 경험을 바탕으로 하여 나
       이 쉰하나(1809년)에《규합총서》라는 방대한 책을 저술했
       죠. 이 책은 생활 경제 백과사전인데, 20세기 초까지도 여
       성들에게 가장 널리 읽혔다고 해요. 빙허각이《규합총서》
       를 지은 지 18년 후에, 서유구가 그 유명한《임원경제지》를
       저술했는데, 이 책에도 빙허각의 영향이 담뿍 들어있다고
       학자들은 보고 있죠.

캐순   대박~~~

야옹샘 이 외에도 정일당 강씨(1772~1832년)는 집안일을 마음 닦는 훈련으로 여겼죠. 그분의 책《정일당유고》에 "바늘을 들고서 '여기서부터 저기까지 전일한 마음 상태로 바느질하리라' 다짐하고서 바느질을 하곤 했다"는 말이 나와 있거든요. 또 다른 정일당 남씨(1840~1922년)는《정일당잡지貞一堂雜識》를 나이 열다섯에 필사해 남겼는데, 장계향의 책《음식디미방》에 버금간다고 해요.

캐순 조선이 집안 살림살이에 큰 의미를 부여했다는 것은 이해가 됐어요. 그런데 서양이 집안일에 의미 부여를 하지 않았다는 것을 입증할 근거는 뭐죠?

한나 아렌트는 현대 정치철학자 중 우뚝한 사람인데요, 그분의 대표작인《인간의 조건》에 보면 잘 나와 있어요. 고대 그리스부터 서양은 줄곧 사람이 하는 일을 크게 세 가지로 분류했다고 해요. 노동(Labor), 작업(Work), 활동(Action)이 그것인데요. '노동'은 직접적으로 목숨을 부지하기 위해 하는 일이고, '작업'은 상당한 시간이 지속될 수 있는 것들, 가령 책상이나 수레 같은 물품을 만들어 내는 일이고, '활동'은 넓은 범위의 정신적인 활동으로 정치활동이 그 대표적인 일이죠.

뭉술 일을 셋으로 분류한 것과 집안 살림살이에 의미를 부여하지 않는 것은 무슨 관계가 있죠?

야옹샘 집안 살림살이를 하는 게 몽땅 '노동'에 들어가는데, 그런 노동은 인간의 일이라기보다는 '동물'의 일이라고 여겼거든요.《인간의 조건》에서 한 부분을 따와 읽어 드릴게요.

"삶의 필수재를 공급하기 위해 수행하는 직업들은 모두 노동의 지위와 같은 것이다. …… 삶의 유지에 필요한 것을 제공하는 직업들은 모두 노예적 본질을 가지기 때문에, (인간이라면) 노예의 소유는 필수적이라고 생각했다. 정확히 이 이유 때문에 노예제도는 옹호되고 정당화되었다. 노동한다는 것은 필연성에 의해 노예로 되는 것[*]을 의미한다. 이런 노예화는 (인간이면 누구라도 먹어야 살기 때문에) 인간 삶의 조건에 내재한다. …… (그러므로) 필연성에 종속되는 노예들을 지배함으로써만, (인간에게 고유한) 자유를 획득할 수 있다."[**]

쉽게 설명해주시면 안 될까요?

야옹샘 음~ 인간의 본질은 '자유'인데, 목숨을 이어가기 위해 일을

---

[*] '필연성'은 철학에서 '자유'와 대비되어 쓰이는 말이다. 먹어야 살기 때문에, 먹는 일은 자유가 아니라 필연의 영역이고, 그것을 하는 자는 사람이 아니라 동물 수준에 있는 자라고 생각했다는 것이다.

[**] 한나 아렌트 지음, 이진우 옮김,《인간의 조건》, 한길사, 1996, 138쪽.

하는 것은 '자유'로운 행위가 아니라는 전제에서 나온 소리
이죠. 말도 안 되는 전제에 빠져 있는 서양 문명의 한 면이
라고 할 수 있을 거예요. 하지만 그렇게 생각하는 서양인도
안 먹으면 죽으니까, 누군가는 먹을거리를 장만해야 되지
않겠어요? 그래서 그런 일을 하는 자를 분리시켜 노예를
두었다는 소리예요.

캐순   아렌트의 말이 맞는다면, '먹을거리'와 관계된 일을 직접적
으로 하는 사람은 다 노예나 다름없겠네.

뭉술   그렇지. 노예는 말하는 동물이라고 생각했으니까 '먹을거
리'를 장만하는 사람은 동물인 셈이지.

범식   서양인들의 생각에 따른다면 그렇게 되겠네.

뭉술   그러면 서양의 부자인 귀부인들은 뭐하고 살았지?

범식   딱히 하는 일이 있을 수가 없지. 정치활동 같은 공적인 일
은 허용이 안 되었고, 집안일은 노예나 하녀들이 하는 일이
어야 했으니 말이야.

아, 이제 입센이 지은 《인형의 집》이 이해된다. 왜 '노라'가
인형으로 있거나, 성적인 대상으로 있을 수밖에 없었는지
를 말이야.

뭉술   그렇게만 말하면 나같은 사람은 어떻게 이해가 되니? 조금
더 자세히 말해줘.

캐순   노라는 남편인 헬머를 병에서 구하기 위
해 남편 몰래 돈을 빌렸는데, 그것이 나
중에 남편에게 알려지게 되지. 그 사실을
알게 된 남편은 화를 내며 노라에게 욕을
퍼부어. 노라는 그때서야 비로소 자기 자신은 남편에게 어
떤 존재인가를 묻게 돼. 생각 끝에 그녀는 지금껏 남편에게
'새장의 새'였음을 깨닫지. 그래서 노라는 남편에게 집을
나가겠다며 이렇게 말해.

   "당신은 언제나 저에게 무척 친절하셨어요. 하지만 우리
가정은 다만 놀이하는 방에 지나지 않았어요. 여기에서 나
는 당신의 장난감 인형 같은 아내였던 거예요. 마치 친정에
서 아버지의 인형 아기였듯이. 그리고 이번에는 아이들이
제 인형이었어요. 아이들의 상대가 되어 놀아주면 저는 그
것이 무척 기뻤어요. 그것이 우리의 결혼이었어요."[*]

뭉술   노라는 자신이 그때껏 의미 있는 존재가 아니었다는 걸 깨
달았나 보지?

캐순   맞아.

 하지만 노라의 깨달음은 단지 집안에서 자기 존재 의미가

---

[*]   입센 지음, 김유정 옮김,《인형의 집》, 혜원, 1999, 93쪽.

없었다는 것이 아니잖아? 노라는 아내나 어머니가 아닌 한 인간으로 살기 위해 집을 나간 거잖아. 남편이 노라에게 아내로서, 어머니로서 집안에 남아달라는 말을 하자, 노라는 "무엇보다도 먼저 저도 당신과 마찬가지로 인간이라고 믿어요"란 말을 남기고서, 나가 버리는 장면이 그 증거라 할 수 있지.

캐순   물론 노라는 '한 인간'이기 위해서 나갔어. 그런데 노라는 왜 집을 나가야만 인간이 될 수 있다고 생각했을까? 한 인간을 한 인간이게끔 하는 의미 있는 일이 집안에는 없었기 때문인 거지.

뭉술   '새장 속의 새'나 '인형'으로 살 수 밖에 없는 집이라면, 그건 사람의 삶이 이루어지는 곳은 아니란 생각이 들어.

캐순   다행스럽게도 김시습의 작품 〈이생규장전〉 속의 아가씨는 남자가 선택해주기만을 바라는 인형이 아니었어. 미녀의 당찬 사랑 고백을 들은 우리의 이생이 어떻게 했을까 궁금해지네.

---

* 입센 지음, 김유정 옮김, 《인형의 집》, 혜원, 1999, 95쪽.

이생, 담장 너머로 최랑을 엿보다   **33**

02

최랑,
이생에게
마음을 건네다

그날 이생은 글공부를 마치고 돌아오는 길에 하얀 종이쪽지에 시 세 수를 써서 조약돌에 매달아 담 안으로 던졌다.

뭉술   어쭈! 소녀의 시에 자기도 시로 응답한다 이거지?

캐순   하루 종일 공부는 안 하고 썼다 지우고, 썼다 지우고를 반복했겠지? 어디 그 시 한번 보자.

무산 첩첩 봉우리에 안개 겹겹
높은 봉 끝자락에 푸른자줏빛이 서려있네.
양왕의 외로운 꿈 안쓰러워
구름 되고 비 되어서 양대에 내렸구나.

    도대체 무슨 소리를 하고 있는 거야?

범식   중국의 고사를 알아야 그 맛이 느껴질 텐데, 그걸 모르니 연애시가 무슨 암호문처럼 들리네.

캐순   야옹샘! 우리에게 연예인 누구와 누구의 사랑이 익숙한 만큼이나, 그 당시 사람들에겐 유명한 이야기겠죠?

야옹샘 그래요. 이 이야기는 송옥이 편찬한 《문선文選》에 실려 있는데, 춘향이와 이도령의 사랑만큼이나 후대인들의 입에 오르내린 이야기죠.

범식 어떤 이야기인지 궁금해요.

전국 시대 초나라 양왕이 고당관이라는 곳에 놀러갔는데 하늘에 이상한 형상의 구름이 피어오르고 있었어요. 그게 무엇인지를 송옥에게 물었죠. 송옥이 그 구름은 '조운'이라 한다며 그에 얽힌 사연을 들려주었어요. 옛날 어떤 왕이 연회를 열고 즐기다가 잠시 낮잠을 자게 되었는데, 꿈속에 아름다운 여인이 찾아와 이런 말을 하였다는 거예요. '저는 무산의 남쪽 높은 산들이 아스라이 솟아있는 곳에 있습니다. 아침에는 구름(조운)이 되고, 저녁에는 비가 되어 양대 밑에서 당신을 그리워하고 있습니다.' 여인은 말을 마치고 떠나갔어요. 왕은 퍼뜩 깨어났죠. 다음날 아침 왕은 무산을 바라봤어요. 산봉우리에 아름다운 여인의 구름이 피어 있었죠. 어떤 사람이 그곳을 '조운'이라 한다며 말해주었어요. 그 뒤로 '무산의 꿈', '무산의 비', '무산의 구름', '구름과 비의 즐거움(운우지락雲雨之樂)', '운우지정雲雨之情'은 모두 남녀 사이의 사랑을 의미하게 되었죠.

범식　여인이 왕을 찾아왔듯이, 최랑이 이생 자신을 찾아온 것을 상기시키는 시인가?

뭉술　그런 것 같아. 이생의 소극적인 성격이 여기서도 드러나잖아. 자기가 먼저 시작한 게 아니니까, 사랑 고백을 받아달라는 거지.

캐순　시에 있는 '푸른자줏빛'은 여인(푸른색)과 왕(자주색)의 결합을 표현한 건가?

범식　아마도~

사마상여가 탁문군을 눈짓했을 때
그녀 마음 이미 연정으로 꽉 차 있었네.
발그레한 담장 위 복사꽃은 활짝 피었으니
어디선가 불어오는 바람 따라 하늘하늘 떨어지네.

　이 시는 무슨 뜻인지 알겠다. 너도 나를 좋아하고 있지 않느냐는 거잖아?

범식　그래. 소녀를 활짝 핀 복사꽃에 빗대고, 이생 자신은 그 꽃을 만지는 바람에 빗대고 있어.

캐순　바람과 함께 하늘하늘 춤을 추며 떨어지는 복사꽃이 되어보자 이거네. 좋은 시절이다.

범식   야옹샘! 저 시에 나오는 사마상여와 탁문군은 누구죠?

야옹샘 사마천이 지은 《사기》에 이 두 사람 사이에 있었던 일이 나
       와요. 사마상여(기원전 179~117년)는 어느 날 부잣집에 초대
       되었어요. 그는 거문고를 퉁기며 자신이 지은 시에 곡조를
       붙여 노래했어요. 거문고 소리에 실려 오는 사마상여의 노
       래는 사람의 가슴 깊이 파고들만큼 빼어났죠. 노래는 방을
       넘어 그 집 딸인 탁문군의 방 안까지 스며들었어요. 그녀는
       열일곱에 시집가자마자 과부가 되어 집에 와 있었죠. 사마
       상여의 노래가 여인의 가슴을 파고든 거예요. 탁문군은 참
       지 못하고 방을 나와, 사마상여를 문틈으로 훔쳐보았어요.
       사마상여도 그 사실을 눈치챘어요. 사마상여는 새 노래를
       불렀어요. 역시 자신이 지은 시에 곡조를 붙인 노래였죠.
       봉새[鳳]가 황새[凰]를 찾는다는 뜻인 《봉구황곡鳳求凰曲》
       이었는데, 그 앞부분만 읊어 드릴게요.

       봉새여, 봉새여, 둥지 틀 곳을 찾았구나!
       황새 너를 찾아 천지사방으로 날아다녔네.
       여태 그 원 이루지 못하고 찾을 길도 없었는데
       오늘밤 이 집에서 너를 만나게 될 줄 어이 알았으리.
       아름다운 아가씨 방에 있지 않은가!

방은 가까운데 사람은 멀어 내 간장 다 타네.

무슨 인연 원앙이 되어 서로 목을 휘감을꼬

어떻게 해야 함께 저 하늘 날 수 있으리.

캐순 탁문군이 문틈으로 엿보고 있다는 걸 사마상여가 알았나

보죠?

야옹샘 예.

범식 그래서 어떻게 됐어요?

야옹샘 그날 밤이 깊어지자, 사마상여와 탁문군은 사랑의 야반도

주를 했어요.

뭉술 두 사람 행복했겠다.

그랬을 거예요. 비록 가난 때문에 술집을 차려 탁문군은 술

을 팔고, 사마상여는 시장바닥에 나가 접시닦이 일을 하였

지만 말이에요. 하지만 끝내는 가난도 면했어요. 한참 지나

탁문군의 아버지가 두 사람의 사랑과 결혼을 인정해 한 살

림 떼어주었을 뿐만 아니라, 사마상여의 글솜씨가 한무제

의 인정을 받아 여유롭게 작품 활동을 할 수 있었죠. 두 사

람의 사랑 이야기는 중국인들이 아주 좋아하는 고사라서

중국CCTV에서 드라마로 제작하기도 했는데, 우리나라 박

시연 님이 탁문군 역을 맡아 열연했다고 하네요.

범식   아하~ 탁문군과 사마상여가 맺어진 것처럼 이생 자신이
       소녀와 맺어지기를 바란다는 시였구나.

캐순   이생은 사마상여만큼 사랑을 위해 모든 걸 바칠 각오가 되
       어 있을까?

뭉술   그건 소녀에게도 해당되는 일이야. 어떻게 될지는 앞으로
       나오겠지. 이제 이생의 마지막 시를 보자.

좋은 인연인가, 안 좋은 인연인가
속절없는 근심걱정에 하루가 일 년이네.
시 한 수에 벌써 얽힌 게 마음과 마음인데
언제나 남교에서 선녀 만나려나.

       이생이 혼란스러워 하는 게 이 시에서도 드러나네. "좋은 인
       연인가, 안 좋은 인연인가"라니, 참 패기도 없다.

캐순   젊은 처녀 총각이 눈 맞은 게 뭐가 어때서 혼란스러워 하
       지?

범식   다 큰 처녀 총각이 부모님 허락 없이 만나는 게 걱정이 되
       었겠지.

캐순   소녀도 걱정되기는 마찬가지잖아?

범식   그러게. 소녀는 당찬데 소년은 영 줏대가 없네.

뭉술   이생이 사랑의 파랑새를 붙잡을까 말까 생각이 많긴 해. 그
      래도 용기를 내 시를 써서 소녀 집으로 날려 보냈잖아. 착잡
      하고 심란하지만 소녀를 향하는 마음이 그만큼 컸던 거지.

범식   야옹샘! "언제나 남교에서 선녀 만나려나."라고 했는데 남
      교가 어디죠?

야옹샘   특정한 장소가 아니라 '남녀가 만나는 곳'이라는 뜻을 가진
      보통명사라 할 수 있어요. 당나라 때 배항이라는 사람이 남
      교에서 천생연분인 운영을 만난 뒤로 그 의미를 얻었죠. 송
      나라의 시인 소식도 〈남가자南柯子〉란 시에서 "남교藍橋 어
      디에서 운영을 찾을 수 있을까?[藍橋何處覓雲英]"라고 해서,
      남교에 그런 뜻을 굳혔어요.

뭉술   춘향이와 이도령이 만났던 '광한루' 같은 곳이군요.

아옹샘   잘 이해했어요. 또 하나 재미있는 게 있는데, 1900년 즈음
　　　　중국 상하이에 유명한 기생이 있었어요. 그 이름이 남교(란
　　　　치아오)였대요.

캐순　　대찬 사내는 아니지만 그래도 용기를 낸 이생이, 이제 담대
　　　　하고 아름다운 이 소녀를 어떻게 대했는지 점점 궁금해지
　　　　네요.

03

소녀,
소년을 만나다

최랑*이 시녀 향아를 시켜 종이를 가져오게 했다. 이생이 보낸 시였다. 소녀는 시를 거듭 읽었다. 마음속에 기쁨이 절로 피어났다. 최랑은 곧바로 쪽지에 몇 자 적었다.

"그대 의심치 말길. 어두워지면 만나리."

소녀는 쪽지를 이생에게 던졌다. 이생은 그 말대로 어둠을 타고 그곳으로 갔다. 복숭아나무 한 가지가 담장을 넘어 그림자를 드리우고 있었다. 다가가 보니 그넷줄이 내려와 있었고, 거기에 대나무 발판도 달려 있었다. 이생은 그것을 타고 담을 넘었다. 달이 동산에 솟아올랐다. 꽃 그림자가 마당에 드리웠고, 맑은 꽃향기는 애련히 풍겨 왔다. 이생은 "여기야말로 신선이 사는 세상이구나" 하고 여겼다. 한없이 즐거운 소년의 마음 한구석에 조마조마한 마음도 함께 일어났다. 남몰래 하는 사랑놀이인지라 머리카락이 온통 서는 듯했다.

---

*   최씨네 집 아가씨란 뜻.

뭉술　　“그대 의심치 말길. 어두워지면 만나리.” 최랑, 멋있다! 조금
　　　　의 머뭇거림도 없이 자기의 선택을 믿고서 밀고 나가다니.

캐순　　그런데도 이생은 '머리카락이 설' 정도로 두려워하고 있어.
　　　　얘는 왜 이렇게 담대하지 못하지?

범식　　그래도 최랑의 말을 따라 담장을 넘었잖아?

（얼굴）　담을 넘었으면 넘은 태가 나야지. 아직도 담 틈으로 엿보는
　　　　것 같잖아?

캐순　　그래서 제목이 “이생규장전(이생이 담장 너머를 엿보다)”인가
　　　　보다.

범식　　그 말 그럴 듯하다. “여기야말로 신선이 사는 세상이구나”
　　　　하고 여기면서도, 사람들 눈이 두려워 두리번거리는 이생
　　　　의 모습이 참 딱하기는 해.

캐순　　설마 이생이 그냥 내빼는 건 아니겠지?

범식·뭉술　에이, 설마 그러겠냐?

눈을 돌려 주위를 살펴보니, 아가씨는 벌써 꽃떨기 속에 있었다.
그녀와 향아는 꽃을 꺾어 서로 머리에 꽂아주었다. 한쪽 구석에
는 보드라운 자리가 깔려 있었다. 최랑이 이생을 보고 빙그레 웃
었다. 소녀는 즉시 시 두 구절을 지어 노래했다.

복숭아 오얏 나뭇가지 사이에 꽃이 탐스럽다네!
원앙금침 베갯머리에 달빛은 아름다워라.

뭉술   와! 이 아가씨 점점 대담해지네. 뭘 믿고 이러지?

캐순   시집갈 나이가 된 사람이 스스로 연인을 결정하겠다는 건
        데, 뭐 어때서?

범식   하기야 소녀가 열대여섯 살이면 시집갈 나이이지. 춘향이
        가 이 도령을 만난 것도 이팔청춘 열여섯이었으니까.

"복숭아 오얏 나뭇가지 사이에 꽃이 탐스럽다네!"는 복숭
        아와 오얏나무에 핀 꽃을 뜻하기도 하겠지만, 최랑 자신을
        뜻하기도 하겠지?

범식   아름답고 성숙한 자신을 가리킨다고 봐야겠지. 두 나뭇가
        지 '사이'에 핀 꽃이 그녀 아니면 또 누구겠어.

뭉술   그 말이 맞는 것 같다. 최랑이 대담한 줄만 알았는데, 당돌
        하기까지 하네. 이생이 어떻게 반응할지가 궁금해진다.

이생은 화답노래를 읊조렸다.

  언제든 이 봄소식 새 나가면
  무정한 비바람에 가련해지리.

캐순   나는 이생이 이렇게 나올 거라 예상했지.

뭉술   다른 사람들 눈을 의식해야 하는 게 조선 시대 선비니까.

 다른 사람들 눈에 안 띄어 이 일이 알려지지만 않으면 된다는 생각은 문제가 있어. 스스로 떳떳하지 않은 거잖아. 떳떳한 일이 아니라면 애초에 하지를 말아야지, 해놓고 그것이 알려지지 않기만을 바라는 것은 위선자이고 겁쟁이나 하는 짓이야. 조선의 선비들이 그런 위선자이고 겁쟁이였나?

범식   결혼할 나이가 되었기에, 부모 몰래 연애를 해도 괜찮은가에 대해서는 좀더 따져 봐야 한다고 생각해. 하지만 조선의 선비들이 다른 사람의 눈을 의식했다는 것은 적절한 말은 아니야. 선비들이 늘 마음에 품고 실천하려 한 것은 '자기 자신을 위하는 배움(위기지학爲己之學)'이었어. 물론 자기 자신을 위한다는 것은 올바른 인격을 갖추어 품격 있는 사람이 되는 것이지. 반면에 '다른 사람에게 잘 보이기 위한 배움(위인지학爲人之學)'은 그분들이 늘 경계했던 일이야.

뭉술   그렇다면 이생은 선비로서 자격 미달인 셈이다.

캐순   풋내기 선비인 거지. 진짜 선비가 되는 일이 남았다고나 할까.

최랑이 낯빛을 바꾸고선 말했다.

"나는 그대와 더불어 가시버시*의 연을 맺어 길이 행복을 누리고자 마음먹었습니다. 그런데 그대가 갑자기 이처럼 당혹스런 말을 하실 줄 어찌 알았겠습니까. 저는 비록 여인네이지만 마음에 조금도 거리낌이 없는데, 어찌 대장부에 뜻을 둔 사람이 이런 말씀을 하실 수 있단 말입니까? 만약 언젠가 이 일이 새 나간다

---

*   부부란 뜻의 토박이말.

면, 부모님의 꾸지람은 저 홀로 감당하겠습니다."

　그러고서는 향아에게 말했다.

　"너는 방에 들어가 술상을 차려 오너라."

　시키는 대로 향아는 자리에서 일어나 갔다. 사방이 적막하고
쓸쓸했다. 쥐 죽은 듯 사람소리 하나 나지 않았다.

뭉술　　볼수록 최랑은 매력적이다. 심지어 우뚝 선 사람이란 생각
　　　　까지 든다.

캐순　　그럴수록 이생의 소심함과 주체적이지 못한 성향은 드러
　　　　나고 있어.

　　"이 일이 새 나간다면, 부모님의 꾸지람은 저 홀로 감당하
　　　　겠습니다"라고 한 다음, 향아에게 "너는 방에 들어가 술상
　　　　을 차려 오너라." 이 말을 듣고 있으면 정말이지 말문이 딱
　　　　막힌다.

뭉술　　그래서 이생이 꿀 벙어리가 되었잖아.

캐순　　그나저나 최랑의 이 당참은 대체 어디서 왔을까?

범식　　그것을 알 수 있는 단서가 나중에 나오겠지. 이 상황에서
　　　　이생은 무슨 말이든 해야 할 테니까, 우선 그걸 들어 보자.

이생이 물었다.

"이곳은 어디입니까?"

"여기는 우리 집 뒤쪽 동산에 있는 작은 누각 밑입니다. 저의 부모님은 자식이라곤 저 하나 두셔서 더 그러겠지만, 저를 여간 사랑하지 않습니다. 특별히 여기 연꽃 피는 연못에다 별당을 한 채 지어주시고는, 봄에 온갖 꽃들이 피어나면 여기서 시녀들과 함께 놀도록 해주셨습니다. 부모님은 여기서 한참 떨어진 곳에 머물고 있어, 웃고 큰소리로 얘기해도 좀체 들리지 않습니다."

겨우 한다는 소리가 "이곳은 어디입니까?"란 말이야? 그럴 거면 그곳에 가지를 말든지.

범식 그런 하나마나한 소리를 한 걸 보면, 이생이 되게 멋쩍었던 가 보다.

뭉술 선비란 사람이 왜 이렇게 당당하지 못한 거야? 어느 쪽이 되었건 또 최랑이 나서야 일이 진행되겠지.

최랑은 술 한 잔을 따라 이생에게 권한 다음, 즉석에서 옛 풍격 이 있는 시 한 편을 지어 읊었다.

　난간은 내려 부용 연못 누르고
　연못 위 꽃밭에서 연인 속삭이네.

이슬 촉촉이 젖어들고 봄 정취 물씬 풍기니
새롭게 시 지어 사랑노래 부르리.

달은 꽃 그림자 보드라운 자리에 스며들고
긴 가지 두 손으로 잡으니 꽃비 내리네.
바람 따라 맑은 향 옷 속에 스며들자
그 아가씨 봄날의 첫 춤을 춘다네.

비단 치맛자락 슬쩍 꽃가지를 스쳤는데
잠자던 앵무새 꽃밭에서 놀라 일어나네.

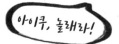
아이쿠, 놀래라!

범식 　달빛 어린 꽃이 은은히 빛나는 봄철은 사람 마음을 싱숭생
　　　숭하게 하지. 최랑의 시는 그 점을 아주 잘 표현했다는 생
　　　각이 든다.

캐순 　달빛 어린 꽃에 이슬 머금은 봄밤의 정취는 누구라도 시인
　　　으로 만들 거야.

뭉술 　생명력이 쭉쭉 뻗어나가는 봄날, 달빛이 부드럽게 세상을
　　　감싸는 밤은 누가 뭐래도 연인에게 어울리지.

범식 　그래서 지금 이팔청춘인 아가씨가 열여덟 사내에게 수작
　　　을 걸고 있잖아.

캐순 　그런데도 이 시가 하나도 어색하지 않고 잡스런 느낌이 들
　　　지 않는 게 나는 좋아.

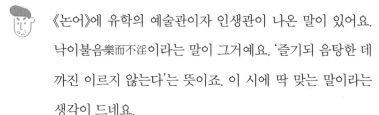 　《논어》에 유학의 예술관이자 인생관이 나온 말이 있어요.
　　　낙이불음樂而不淫이라는 말이 그거예요. '즐기되 음탕한 데
　　　까진 이르지 않는다'는 뜻이죠. 이 시에 딱 맞는 말이라는
　　　생각이 드네요.

이생도 바로 시를 지어 노래했다.

　잘못 들어온 무릉도원, 꽃이 한창이네
　마음에 품은 연정 어이 다 말하리.

비췻빛 쪽진 머리에 금비녀 나직하니
아리따워라, 파르스름한 봄빛 저고리.

봄바람에 처음 터뜨리는 꽃이오니
풍성한 가지에 비바람 쏟지 마오.
선녀 소맷자락 땅위에서 하늘하늘하니
계수나무 그늘 밑에서 항아가 춤추는 듯하네.

기쁨 채 끝나지 않아 걱정 근심 따르나니
새로 지은 노래 앵무새 알게 하지 마오.

뭉술   "잘못 들어온 무릉도원"이라고 하는 게 나는 이해가 안 돼.
        무릉도원은 동양의 에덴동산 즉 이상향이잖아. 게다가 그
        곳은 "꽃이 한창"인 봄날인데 말이야.

범식   꽃이 한창인 곳에 왔으니 잘못 들어온 거겠지.

뭉술   그게 무슨 소리야?

범식   꽃의 매혹에 빠지면 안 되니까. 꽃은 아가씨를 빗대어 말한
        거잖아?

캐순   공부에 푹 젖어있어야 할 나이에 연애에 빠졌다는 자책을
        하고 있는 거지.

뭉술 사랑하는 사람이 생겼다고 공부를 못 하는 건 아니고, 그 당시 열여덟이면 결혼할 나이인데 자책할 필요가 있나?

캐순 그렇긴 하지만, 부모 몰래 사랑에 빠져 담까지 뛰어넘은 거잖아. 자기가 해놓고도 자기 자신을 용납하기 힘든 거지.

범식 이생은 소녀를 만난 게 잘못이라고 생각하지는 않는 것 같아. 단지 그 사랑이 소문나는 게 걱정인 거지. "기쁨 채 끝나지 않아 걱정근심 따르나니 / 새로 지은 노래 앵무새 알게 하지 마오"가 그 말이라고 생각해.

뭉술 뒷구멍으로 호박씨 까겠다는 거야, 그럼?

캐순 박지원이 《호질》에서 풍자한 게 바로 이런 사람이지. 북곽 선생 말이야.

뭉술 북곽 선생은 또 누군데?

범식 사람들이 볼 때는 행동거지를 반듯하게 해 사람들의 존경

을 받지만, 밤이면 몰래 과부집을 찾아가곤 했다가 호랑이
에게 들켜 심한 꾸지람을 들었던 사람.

캐순   그래. 이생은 그런 위선자인 셈이지.

뭉술   최랑은 그런 사람과 계속 사귀고 싶을까?

술자리가 파했다.

범식   술자리가 되게 싱겁게 끝나네~

뭉술   최랑이 이생의 마음에 안 든다면 모를까 소녀를 마음에 쏙
        들어하면서도 그녀와 흔쾌히 지내지 못하다니, 소문이 그
        렇게 무서운가?

캐순   이생의 마음이 현실적인 것에 너무 가 있으니 어쩔 수 없지.
        현실적인 잣대를 중시하는 이생에 반해, 최랑은 자기 자신
        의 느낌과 감성을 최우선시한다는 점에서 두 사람은 전혀
        다른 캐릭터야. 함께 어울리기가 쉽지 않아.

뭉술   이생을 이생이라 이름붙인 까닭은 그가 너무 현실에 매여
        있어서 그런 게 아닐까?

        김시습이 그런 생각을 했다고 생각하는 거죠? 약간 억지스
        럽다는 생각이 들기는 하지만 거침없는 상상력을 발휘한
        점은 인정해야겠네요. 하나 밝혀야 할 게 있는데요. 최랑이

란 명칭은 원문에는 안 나와요. 여인, 최씨집 아가씨, 아가씨로 나오지요. 최씨집 아가씨란 뜻을 살려 최랑이라 했어요. 이생도 이씨 선비란 뜻이니 이름이라 할 수 없으니까, 엄밀히 말하면 이 작품엔 이름이 하나도 나오지 않는 거지요.

뭉술 최랑의 시녀 향아가 있잖아요.

야옹샘 아, 그렇네요.

범식 그렇다면 이생과 최랑은 어떤 특정 부류의 사람을 대표하는 인물이라고 봐야겠네요.

야옹샘 그게 고대소설의 특징이기도 해요.

캐순 이 소설의 작가인 김시습은 세상을 이생과 같은 인생관을 가진 사람과 최랑적인 인생관을 가진 사람으로 나눠 본 것인가?

뭉술 그럴싸하다. 그나저나 이 두 사람은 술자리가 끝난 뒤 서로 어떤 사이가 될까?

범식 하룻밤 꽃놀이하며 술 한 잔 한 사이로 끝나겠지.

04

소년,
소녀의 방에 들어가다

최랑은 이생에게 말했다.

"오늘 일은 결코 작은 인연이 아닙니다. 그대는 나를 따라오
시오. 함께 정분을 맺도록 합시다."

말을 마치자 최랑은 뒷문을 열고 들어갔다. 이생이 그녀를 따
랐다.

뭉술 도대체 최랑의 담대함은 어디까지야? 정분을 맺어, 두 사
     람의 관계를 완전히 매조지겠다는 건데, 조선 시대에 이런
     여인이 있었다는 게 놀랍기만 하다.

범식 최랑과 같은 사람이 조선 시대에 실제로 있기는 힘들었겠
     지만, 그 시대를 우리가 잘못 알고 있는 것도 많은 것 같아.
     조선 전기엔 남녀가 평등하게 재산을 상속받았다고 들었
     거든.

상황을 여성이 주도하고 남성은 주춤주춤 따라가는 이런
소설이, 조선 선비들에게 높이 평가받았다는 것도 조선 사
회를 다시 보게 하기는 해.

뭉술   성적인 면에서 자기감정에 충실한 여성이 하층이 아니라
상층 집안의 사람이란 점도 놀라워.

그곳엔 누각에 오를 수 있는 사다리가 있었다. 두 사람은 사다
리를 타고 올라갔다. 누각에 다다랐다. 문방구와 책상이 가지런
하게 놓여 있다. 한쪽 벽에는 '안개 낀 강 위에 첩첩이 쌓인 산봉
우리'란 뜻인 '연강첩장도煙江疊嶂圖'와 '그윽하니 텅 빈 묵은 나
무'란 뜻인 '유황고목도幽篁古木圖'가 걸려 있다. 둘 다 이름깨
나 있는 그림이다. 그림엔 시가 쓰여 있다. 시인의 이름은 알 수
없다.

첫 번째 그림에 쓰인 시는 이랬다.

그 누구 붓끝이 이렇게도 힘차더냐.
깊은 강 겹겹이 싸인 산을 이처럼 그리다니.
웅장하도다, 수 만 길 솟은 방호산이여![*]

---

*   봉래산, 영주산과 더불어 신선이 산다는 삼신산이다.

까마득히 피어오른 구름 뚫고 머리 내밀었구나.

멀어지는 산세는 수 백리 가물가물 뻗었고
눈앞 가파르게 솟은 산 푸른 소라인 듯 또렷하다.
머나 먼 하늘에 푸른 물결 아득히 닿아있구나
날은 저물어 멀리 바라보니 향수에 젖어드네.

바라볼수록 이내 마음 쓸쓸한 것이
상강* 비바람에 배 떠있는 듯.

두 번째 그림에 쓰인 시는 이러했다.

그윽하여 텅 빈 나무**에 찬바람 이니 말 하는 듯
오래된 나무 구불구불 말을 품은 듯
얽히고설킨 뿌리엔 이끼 담뿍 끼었고
오래 묵은 둥치 우뚝하니 폭풍천둥 이겨왔네.

---

* 　중국 전국 시대의 정치가이자 시인인 굴원이 몸을 던졌던 강.

** 　원문은 유황幽篁이다. 대나무가 아니라, 속이 빈 고목을 피리에 비유한 것이라 여겼다.
　　한 장의 그림에 대나무와 고목이 같이 있는 것은 어울리지 않는다.

조물주의 작업장 가슴 속에 지녔건만
오묘한 경지 어이 지나가는 사람과 나누리.
위연*과 여가**는 벌써 죽고 없으니
천기를 누설해도 알아들을 이 몇이런가.

비 개인 창가에서 담담히 마주하니
그림이 보인 세계, 내 마음 옴팡 끄네.

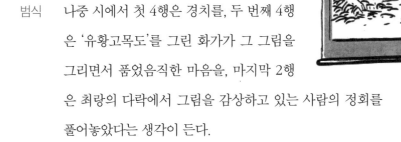

범식 나중 시에서 첫 4행은 경치를, 두 번째 4행
은 '유황고목도'를 그린 화가가 그 그림을
그리면서 품었음직한 마음을, 마지막 2행
은 최랑의 다락에서 그림을 감상하고 있는 사람의 정회를
풀어놓았다는 생각이 든다.

캐순 "천기를 누설해도 알아들을 이 몇이런가"는 '유황고목도'
가 천기를 누설하고 있다는 소리겠지?

뭉술 나도 그렇게 생각해. 한데 그 그림의 뜻을 알아볼 사람이
없다면서 그림을 그리는 건 또 무슨 맘이지?

---

* 당나라의 빼어난 화가.

** 송나라의 빼어난 화가.

캐순   나중에라도 그 뜻을 알아줄 사람이 나타나지 말란 법은 없
      잖아.

범식   이육사가 〈광야〉에서 읊었던 심정도 똑같지 않았을까?

      지금 눈 내리고

      매화 향기 홀로 아득하니

      내 여기 가난한 노래의 씨를 뿌려라.

      다시 천고의 뒤에

      백마 타고 오는 초인이 있어

      이 광야에서 목놓아 부르게 하리라.

뭉술   이육사의 시가 그런 마음을 노래하고 있다고 생각하니, 언
      젠가는 알아줄 이를 생각하며 그림을 그렸다는 게 이해가
      되네.

범식   놀라지 마! 이 그림을 알아봐주는 이가 있었어.

캐순   정말? 그게 누군데?

      최랑의 다락에서 그림을 감상하고 있는 사람!

뭉술   정말로 이생이 그 사람이란 말이야?

캐순   나는 이생은 그럴 수 있는 사람이 아니라고 생각해.

범식   나도 캐순이 말에 동의해. 최랑의 다
락에 올라가 이 그림을 감상하
고 있는 사람은 이생만이 아니야.
이 그림을 보고 시를 남긴 사람, 또
한 이 소설을 이끌어가고 있는 서술자도
그 자리에 있어. 이들은 작품 속에선
몸은 없고 오직 눈과 귀, 입만 있는
사람이지만.

뭉술   뭐? 몸은 없는데 눈·귀·입만 있다고? 괴기스럽다. 그런 사
람이 그림을 이해했다는 걸 범식이 너는 어떻게 아는데?

범식   마지막 행에서 "그림이 보인 세계, 내 마음 옴팡 끄네"라고
하고 있잖아.

캐순   소설을 쓰고 있는 김시습도 그 그림을 이해했다고 자부(?)
했겠지?

뭉술   그럼 '유황고목도'의 뜻을 이해한 사람은 두 사람인 셈이
다, 그치?

        한 명 더 있어! 그림을 자기 다락에 붙여놓고 늘 감상하던
사람, 최랑 말이야. 혹시 그 시도 최랑이 쓴 게 아닐까?

범식   알 수 없지만, 영 틀린 소리는 아니라고 생각해.

뭉술   도대체 그 그림이 어떻기에 "천기를 누설"한 그림이라고

하는 거지?

범식   첫 4행이 그림을 묘사하고 있으니까, 다시 한번 읊어 보자.

> 그윽하여 텅 빈 나무에 찬바람 이니 말 하는 듯
> 오래된 나무 구불구불 말을 품은 듯
> 얽히고설킨 뿌리엔 이끼 담뿍 끼었고
> 오래 묵은 둥치 우뚝하니 폭풍천둥 이겨왔네.

뭉술   오래된 동네에 가면 가끔 볼 수 있는, 수 백 년 묵은 당산나무를 그려놓은 것 같은데?

캐순   나도 그 생각 했어. 다만 꼭 당산나무일 필요는 없다고 생각해. 용문산에 있는 천년의 은행나무, 보은에 있는 정이품 소나무처럼 긴 시간을 견뎌온 나무면 어떤 나무건 상관없지 않을까?

범식   긴 시간을 견뎌왔다는 표현도 좋지만, 오랜 시간을 품어왔다는 말이 좀 더 그럴듯하지 않을까? '품어왔다'는 말은 '견뎌왔다'는 뜻도 가지고 있으니까.

뭉술   '오랜 시간을 품고 있는 나무'를 표현한 그림이라~ 이렇게 말하고 보니까 확실히 예사로운 그림은 아니겠다는 생각이 드네.

시간과 인생을 깊이 느낀 사람이어서 그런 그림을 그릴 수 있었을 거야.

캐순 물론. 하지만 '그런 뜻'이 드러나도록 그려 낼 수 있는 '손' 역시 그냥 갖추어질 수는 없어. 수련하듯 그림을 그렸던 시간을 놓쳐서는 안 된다고 생각해.

범식 우리에겐 지금 그림을 보고 그것을 표현한 시는 있지만, 그 그림은 없어. 그림까지 있었으면 느낌이 더 생생했을 텐데. 너희들! 이 시에 걸맞은 주제를 그린 그림을 본 적 있니?

캐순 채동욱의 〈생명의 나무〉가 그런 느낌이었고, 파르누시 아베디레나니의 단편 영화 〈고목〉 포스터에서도 그걸 느낄 수 있었어.

뭉술 설마, 전 검찰총장 채동욱을 말한 것은 아니지?

 맞아. 그는 검찰총장직에서 쫓겨난 뒤 마음을 추스르기 위해 유휴열 화백을 스승으로 모시고 매일 17시간씩 붓질을 해서, 무려 130여 점의 유화를 그렸대. 2016년 4월 미국 뉴욕에서 열린 '아트엑스포 뉴욕(ARTEXPO NEWYORK)'에 '더스틴 채(Dustin Chae)'라는 가명으로 '생명의 나무' 연작 봄·여름·가을·겨울과 '열정(Passion)' 총 다섯 작품이 출품되었는데, 그게 채동욱 총장의 작품이었다는 거야. 그 중 두 작품은 전시회 때 팔렸대. 생명의 나무 큰 줄기에는 모두 '사

채동욱의 〈생명의 나무, 겨울〉
국가 정보기관의 대대적인 대통령 선거 개입을 파헤치다 부당하게 쫓겨났기에 여전히 검찰총장으로 남아 있을 수밖에 없는 사람의 그림이다. 박정희의 유령을 끝끝내 다시 무덤으로 잡아넣은 힘의 단초가 된 사람이다. 무지막지한 칼날이 서릿발처럼 베어와도 맞서야만 했던 힘은 어디에서 왔던가? 나무둥치가 품고 있는 사람, 그 여인이 들고 있는 촛불이 보인다. ⓒ 채동욱

람'이 있는데, 그 중에 특히 〈생명의 나무, 겨울〉이 우리가 읽고 있는 소설의 주인공 최랑의 다락에 있던 시와 어울린다는 생각이야.[*]

범식 자기 기득권을 다 걸고 정보기관의 쿠데타를 파헤쳤던 의기, 그리고 2~3년 간 하루 17시간씩 했던 붓질이 만났다면, 특별한 작품이 나오긴 했을 것 같다.

캐순 게다가 코 박고 들여다본 주제가 '생명의 나무'와 '네 계절'이니까, 채동욱 총장이 의도하진 않았겠지만 〈이생규장전〉에 딱 맞는 그림이 된 것 같아.

재미있는 게 떠올랐어. 최랑의 다락방에 두 그림과 각각의 작품에 시 한 수씩이 있었잖아? 지금 우리가 살피고 있는 시와 그림이 '시간을 품은 그림과 시'라면, 다른 것은 '공간을 펼쳐 보인 그림과 시'라는 생각이 들지 않니?

뭉술 '공간을 펼쳐 보인 그림과 시!' 멋진 표현이긴 한데, 캐순아 너한테도 그렇게 느껴지니?

캐순 범식이 말을 듣고 다시 읽어 보니 나한테도 그게 느껴진다. 내가 그 부분을 다시 읊어 볼게.

---

[*] 《머니투데이》, 2017년 6월 1일 참조.

웅장하도다, 수 만 길 솟은 방호산이여!

까마득히 피어오른 구름 뚫고 머리 내밀었구나.

멀어지는 산세는 수 백리 가물가물 뻗었고

눈앞 가파르게 솟은 산 푸른 소라인 듯 또렷하다.

머나 먼 하늘에 푸른 물결 아득히 닿아있구나.

뭉술　까마득히 멀어져가는 산줄기와 하늘에 맞닿은 강물이 느껴지긴 한다. 그런데 이게 '공간을 펼쳐 보인' 것이라고 할 수 있나? 공간은 비어 있는 거잖아?

범식　맞아. 하지만 비어 있는 공간은 거리감을 부여한 사물이 있을 때만 빈 공간으로 느껴져. 뻗어나간 만큼, 먼 지평선의 거리만큼만 공간으로 다가오지. 아무 것도 없다면 비어 있다는 느낌조차 없을 거야. 공간은 수평과 수직으로 되어 있어. 아득히 뻗어나간 산줄기와 강물에서 끝도 없이 펼쳐진 수평을 느끼고, 까마득한 저 구름 위로 불쑥 내민 갑작스런 산머리에서 뻗쳐오르는 수직을 느끼지. 이것에서보다도 더 수평과 수직, 즉 비어 있는 공간을 느낄 수 있는 게 있을까?

　범식이가 말하는 '까마득한 수직'을 김종길 시인이 〈고고 孤高〉로 형상화한 게 떠올랐어.

고고孤高

북한산이

다시 그 높이를 회복하려면

다음 겨울까지는 기다려야만 한다.

밤 사이 눈이 내린,

그것도 백운대나 인수봉 같은

높은 봉우리만이 옅은 화장을 하듯

가볍게 눈을 쓰고

온 산은 차가운 수묵으로 젖어 있는,

어느 겨울날 이른 아침까지는 기다려야만 한다.

신록이나 단풍,

골짜기를 피어오르는 안개로는,

눈이래도 온 산을 뒤덮는 적설로는 드러나지 않는,

심지어는 장밋빛 햇살이 와 닿기만 해도 변질하는,

그 고고한 높이를 회복하려면

백운대와 인수봉만이 가볍게 눈을 쓰는

어느 겨울날 이른 아침까지는

기다려야만 한다.

뭉술   수직의 높이가 느껴지는 시다. 그렇다면 망망한 수평이 느
           껴지는 작품엔 뭐가 있지?

범식   나는 박지원 선비가 쓴 한 문장을 읽을 때 그걸 느꼈어. 망
           망한 요동 벌판을 처음 보고서 그가 이렇게 외쳤지. "크게
           한번 울 만한 곳이로구나!"

캐순   넓게 펼쳐진 것과 '울만한 곳'이 무슨 관계인데?

박지원 선비의 그 말을 들은 사람도 그것을 알 수 없어 다
음처럼 묻자, 박지원 선비는 즉시 대답했어.

    "오늘 이토록 드넓은 울음터를 만났으니, 선생님과 함께
저도 한바탕 통곡을 하는 게 마땅할 것입니다. 그런데 통곡
이 나오는 근원을 모르겠습니다. 그것은 인간의 감정 중 어
디에 근원을 두고 있을까요?"

    "갓난아기에게 물어보게나. 태에서 나오던 그 순간, 무슨
감정이 느껴졌냐고 말일세. 갓난아이 눈에 먼저 해와 달이
들어오고, 다음엔 부모와 친척들이 그 눈에 가득했을 것이
네. 이 얼마나 기쁜 일이겠는가. …… 아이가 어머니 뱃속

에 있을 때는 깜깜하고 꽉 막혀서 포승줄에 묶인 것처럼 갑갑했겠지. 그러다가 어느 날, 갑자기 탁 트이고 훤한 곳으로 나와 손도 펴고 발도 펴네. 마음이 참으로 뻥 뚫리게 될 것이네. 그러니 갓난아이가 어찌 참된 소리를 내어 제 마음을 크게 펼치지 않을 수 있겠는가? 그러니 우리도 마땅히 저 갓난아기의 꾸밈없는 소리를 본받아야 할 것이네. 비로봉 꼭대기에 올라 동해를 바라보면 한바탕 울어 볼 만한 곳이 펼쳐지고, 장연의 금모래밭을 거닐어도 한바탕 울어 볼 만한 곳이 펼쳐지네.

  아, 요동벌판이 펼쳐지도다! 여기서부터 산해관까지 1,200리 사방에 한 점 산도 없이 뻗어, 하늘과 땅이 아교풀로 붙인 듯 실로 꿰맨 듯 맞닿아 있고, 예나 지금이나 비와 구름만이 아득할 뿐이로다. 이 또한 한바탕 울어 볼 만한 곳이 아닌가!"[*]

뭉술 크게 한번 울어 볼 만한 글이로다.

캐순 뭉술이의 패러디는 역시 일품이야!

아옹샘 최랑의 다락방에 걸려 있었던 두 그림이 공간과 시간을 형상화했다는 여러분의 헤아림에 찬사를 보냅니다. 참으로

---

[*]   박지원 지음, 《열하일기熱河日記》, 〈도강록渡江錄〉(《燕巖集》卷之十一○別集.)

빼어난 헤아림이라는 생각이 드네요. 여러분의 헤아림을 조금 더 깊이 이끌어줄 정보를 하나 알려 드릴게요. 우주의 '우'는 공간을 뜻하고, '주'는 시간을 뜻해요. 한자 뜻풀이에 관한 한 가장 정평이 있는 《설문해자주》에 다음처럼 나오 거든요. "위아래와 사방을 '우'라 하고[상하사방위지우上下 四方謂之宇], 과거현재미래를 '주'라 한다[왕고래금위지주 往古來今謂之宙]."*

 와, 대박! 시간을 표현한 작품은 '우'이고, 공간을 표현한 작품은 '주'라는 거네. 합치면 우주가 되고.

캐순　그렇다면 최랑은 우주를 형상화한 작품을 늘 들여다보고 살았다는 거네.

 김시습이, 그런 그림과 시가 최랑의 방에 걸려 있는 것으로 설정한 데는 깊은 뜻이 있어서일 거야. 그러한 풍경이 '최 랑은 누구인가'를 알려주는 나침판 구실을 할 수 있길 바라 서였다고 생각하지 않니? 우리처럼 이 소설을 읽는 독자들 에게 말이야.

뭉술　그럴 것 같아.

캐순　최랑은 우주적인 진리를 깨쳤거나 깨치려는 사람이라는

---

* 허신, 단옥재 지음, 《설문해자주》, 천공서국, 중화민국 76년, 338쪽.

소리가 되는 건가? 그럼, 이생은?

범식 그 점에 대해선 조금 더 지켜보기로 하고, 두 그림에서 시간과 공간의 속성을 좀더 밝혀 보는 것도 재미있을 것 같아. 공간이 광활함과 장대함을 느끼게 한다면, 시간은 유장함과 깊이를 느끼게 한다는 식으로 말이야.

캐순 시간이 깊이를 느끼게 하는 건, 시간은 흘러가는 것이 아니라 쌓이는 것이어서 그럴 거야. 다음 구절이 그것을 잘 보여주지. "얽히고설킨 뿌리엔 이끼 담뿍 끼었고 오래 묵은 둥치 우뚝하니 폭풍천둥 이겨왔네."

뭉술 그 구절에 따른다면, 쌓는 건 견디는 거라는 거잖아.

범식 견딤은 결국 개별적인 것이겠지? 그래서 시간의 상징으로 한 그루의 고목을 그렸을 것 같아. 이에 반해 공간은 전체적이야. 강물, 산, 하늘이 온통 하나가 되어 있으니까.

뭉술 왜 그런지 설명은 잘 못하겠지만, 공간은 자연이고 시간은 문명이라는 생각이 들어.

　　　야, 그 생각 엄청 멋지다. 의미를 부여할 때만 시간은 나뉘어서 생겨나고, 의미를 부여하는 것은 문명의 놀이이니까, 시간은 문명이라고 비유를 해도 상관없을 것 같아. 그런데 공간도 그렇지 않나?

범식 공간을 인위적으로 나누면 문명이지만, 최랑의 방에 걸린 그림과 시가 보여주는 공간은 구획되어 있지 않잖아. 산, 강 하늘이 개별적이지 않고 하나인 것처럼 되어 있거든. 개별적인 것으로 구별하는 것은 문명의 일일 뿐, 자연은 그렇지 않잖아?

캐순 그 말이 맞겠다. 그런데 시간을 보여주는 작품인 고목은 견딤이고, 지냄이고, 감싸 안음이고, 거기에서 의미를 찾는 존재 즉 사람이라는 생각이 들어.

뭉술 최랑이 바로 그 사람일 수도 있겠다.

 최소한 그 그림을 보고 시로 표현했던 사람은, 그 그림에 나오는 고목과 같은 사람이라고 할 수 있을 것 같아. 마지막 두 구절을 보면 시인이 그림과 하나가 되어 있거든.

비 개인 창가에서 담담히 마주하니
그림이 보인 세계, 내 마음 옴팡 끄네.

범식 첫 번째 그림을 보고서 감회를 읊은 시에서는 절망적인 자신을 표현했었지. 상강에 몸을 던져 삶을 끊어버렸던 굴원, 그 굴원과 자신이 옴팡 겹쳐질 정도로 절망적인 상태임을 밝히고 있을 정도로.

머나 먼 하늘에 푸른 물결 아득히 닿아있구나

날은 저물어 멀리 바라보니 향수에 젖어드네.

바라볼수록 이내 마음 쓸쓸한 것이

상강 비바람에 배 떠있는 듯.

뭉술   그 시인은 왜 그렇게 절망했지?

범식   가 닿아야 할 하늘은 "아득히" 먼데, "날은 저물어 멀리 바라보고"만 있어야 하는 자신을 알아차렸으니까.

캐순   그랬던 그가 두 번째 시에선 "담담히 마주하니"라니, 인생을 달관한 사람이 되었어. 첫 시를 쓴 뒤에 그에게 무슨 일이 있었기에 인생을 대하는 태도가 확 바뀌었을까?

뭉술   고목을 본 것밖엔 없어.

이끼가 잔뜩 낀 채 얽히고설킨 뿌리를 드러내고 있는 고목을 보고서, 폭풍번개의 시간을 견딤으로써 유장한 시간을 자신 안에 간직하고 있는 존재가 되었음을 느끼게 된 까닭이 뭐냐는 거지.

뭉술   화가가 그림을 워낙 신통하게 잘 그려서 그렇겠지.

범식   물론. 하지만 화가는 "천기를 누설해도 알아들을 이 몇이런가" 하는 태도로 그림을 그렸어. 자신의 그림을 보고서 깨침에 이를 사람이 몇이나 될까 하며 비관하고 있다는 거지. 그 그림을 보고서 깨침에 이른 사람은, 그 그림을 보기 전에 이미 그 그림이 보여주는 세계를 볼 수 있는 눈을 갖추고 있어야 해.

캐순 고목 그림에서 깨침이 있으려면, 고목 그림을 보기 전에 이미 고목 속에 들어 있는 시간의 의미를 확연하게 볼 수 있는 사람이 되어 있어야 한다는 것에 나도 동의해. 그런데 김시습의 이 작품 〈이생규장전〉이 그런 사람이 되어가는 과정을 보여주고 있는 게 아닐까?

범식 그럴 수도 있을 것 같다. 그 점을 마음에 두고서 〈이생규장전〉을 읽어나가는 것도 좋다는 생각이다.

동감! 한 마디만 더하면, 공간과 시간 즉 우주를 응축한 그림과 시가 최랑의 다락방에 걸려 있었다는 점이야. 최랑은 그런 정신과 기상 속에서 살았다는 거지. 그랬기에 최랑이 그처럼 당당하고 주체적일 수 있었다는 생각이야.

범식 캐순이 말에 나도 동감. 〈이생규장전〉에 있는 이 시에 대한 깊은 머묾이 없이 이 소설을 읽는다면 그건 고갱이가 빠진 읽기이고, 수박 겉핥기지.

뭉술 그런가? 하지만 조금 난해한 건 사실이야. 어려운 말은 이쯤에서 줄이고 이생이 최랑의 방에 들어간 뒤의 장면으로 넘어가자.

05

봄·여름·가을·겨울,
시간은 맞물려 흐르고

또 다른 쪽 벽에는 봄, 여름, 가을, 겨울 사철의 풍경을 읊은 시
가 네 수씩 있었다. 그 시를 지은 시인의 이름 역시 알 수가 없었
다. 글씨는 원나라의 명필인 조맹부의 해서체를 본떠, 필법이 매
우 단정하고 고왔다.

뭉술 또 시야! 이번에는 열여섯 편이나 되네.

범식 사철을 표현한 시를 철철이 네 편씩이나 맛볼 수 있다는 건
     행운이지!

캐순 행운? 행운 맞지! 범식이에게는 더~

뭉술 이번에는 글씨체까지 밝혀주었네. 조맹부의 해서체가 뭐야?
     원나라의 조맹부가 창안한 글씨체 중 해서체인데요. 해서
     체는 반듯하게 썼어요. 조맹부체는 송설체라고도 하는데,
     형태와 필선에서 법도와 품격 그리고 힘이 있어 아름답지
     요. 국립고궁박물관에 있는 돌에서 확인할 수 있어요. 고려
     말에 들어왔고 조선 초 안평대군에 와서 꽃을 피웠으며, 조
     선 후기 오태주에 이르기까지 면면히 이어져 왔답니다.

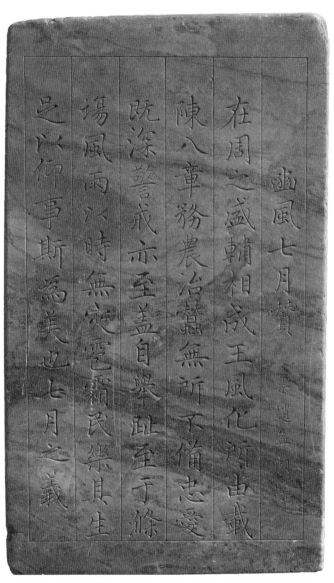

조맹부체 시경 · 빈풍 · 칠월찬, 석회질대리암, 국립고궁박물관소장

봄 풍경화에 쓰인 시는 이러했다.

따스한 연꽃휘장 향불 피어오르고
창밖엔 살구꽃비 자욱하게 내리네.
다락에서 꿈 깨니 새벽 종소리
개나리 핀 언덕에 때까치 지저귀네.

제비 날고 햇살 길어져 안방 깊은 곳
나른함은 찾아들어 말없이 바늘 내려놓네.
꽃 속으로 쌍쌍이 나비들 날아들어도
금세 꽃 떨어져 정원엔 그늘만 지리.

찬기 가시자 얇은 풀빛치마 스며드는
봄바람 남몰래 덧없는 애 태우네.
끓일 길 없는 이 심정 헤아릴 이 누군가
온갖 꽃 피어나니 새들은 원앙춤 추는구나.

봄빛이 깊게 물들어 뜨락에 가득하니
다홍빛 연두색 창가에 어른거리네.
뜰에 가득 풀내음 괴로워라, 봄 타는 맘

드리운 발 슬며시 걷고 지는 꽃 지켜보네.

뭉술   위 시에서 특별히 마음에 남는 구절을 말해 보자, 우리 모
        두 다. 좋지?

캐순   내가 먼저 말할게.
        "꽃 속으로 쌍쌍이 나비들 날아들어도
        금세 꽃 떨어져 정원엔 그늘만 지리."라는 구절이야. 한
        여인의 짧았던 봄날이 저리게 다가오는 것 같아.

        나에겐 "다락에서 꿈 깨니 새벽 종소리"가 특별한 느낌으
        로 다가와. 방에서 잠 못 들고 다락에서 밤을 보내다가, 설
        핏 잠들어 꿈을 꾸는데 새벽 종소리에 꿈에서 깨어나는 게,
        어찌할 수 없는 현실을 느끼게 하니까.

뭉술   나에게는 "뜰에 가득 풀내음 괴로워라, 봄 타는 맘"이 그래.
        내 마음이 그렇거든.

여름 풍경화에 쓰인 시는 이러했다.

    밀 이삭 피고 어미제비 비껴 나는 여름
    남녘 뜰 여기저기 석류꽃이 피었구나.
    비천한 처녀 가위 움직이는 소리

꽃빛 노을 잘라내어 붉은 치마 만들려나.

매실 누렇게 익었는데 추적추적 비 내리니
어두운 홰나무에 꾀꼬리 울고 제비 처마로 드네.
또 한해 좋은 풍경 시들어가는구나
멀구슬꽃 떨어지고 죽순만 삐죽 보이네.

아직도 파란 살구 집어서 꾀꼬리나 맞추는데
바람은 남쪽 난간 지나가고 해그림자 더디네.
연꽃 피어 향기롭고 못물 치렁치렁한데
푸른 물 깊숙한 곳 가마우지 멱을 감네.

평상 위 대자리에 파문이 일고
병풍 속 소상강엔 구름 덧칠되어 있네.
고단해 설핏 든 낮잠 깨고 보니
창가에 해는 기울어 서쪽도 어슴푸레하네.

범식   "비천한 처녀 가위 움직이는 소리
        꽃빛 노을 잘라내어 붉은 치마 만들려나."라는 구절이 여
        운을 남긴다. 처녀의 가위질을 "꽃빛 노을"을 자르는 것으

로 보는 기발함도 기발함이지만, 그것을 부러워하는 시적

자아의 마음이 옴팡 느껴지거든.

뭉술 나에겐 여름날의 길어진 시간을 잘 표현한 구절이 눈에 들

어와. "바람은 남쪽 난간 지나가고 해그림자 더디네."

캐순 그렇게 길 것 같았던 여름날도 갑자기 잘려나간 것처럼 저

물어버렸다고 한탄하는 구절이 내 눈엔 뜬다. "고단해 설

핏 든 낮잠 깨고 보니 창가에 해는 기울어 서쪽도 어슴푸레

하네."란 구절이 그거야. 낮잠을 설핏 들 듯 잠깐 살았는데,

한창 때가 벌써 기울어가는 인생을 표현하고 있다는 생각

이 들어.

가을 풍경화에 쓰인 시는 이러했다.

싸늘한 가을바람에 찬 서리 맺히고

고운 달빛에 한층 투명한 가을 물

끼룩끼룩 기러기 남녘으로 돌아가는데

우물가에서 또 듣는 오동잎 지는 소리.

온갖 벌레 평상 밑 울음 터뜨릴 때

평상 위에서 미인은 주르륵 눈물 떨구네.

수만 리 먼 전쟁터에 계신 님
그곳에도 오늘 밤 달은 밝으리.

새 옷 지으려다 가위에 냉기 돌아
나직이 아이 불러 다리미 가져오라는데
다리미 불 꺼진 지 오래 전인 걸 몰랐네.
악기 가져와 연주하려다 머리 또 긁적이네.

연못에 연잎 지고 파초 잎도 누레졌네.
다시 내린 서리에 원앙 기와 젖는구나.
묵은 걱정에 새 시름 또 쌓이는데
골방에 귀뚜라미 울음까지 붙는구나.

뭉술   기러기는 남녘으로 떠나가고, 오동잎은 떨어지고……. 너
        무 쓸쓸하다.

캐순   "새 옷 지으려다 가위에 냉기 돌아" 역시 마찬가지야. "수
        만 리 먼 전쟁터에 계신 님" 춥지 말라고 옷을 지어 보내려
        는데, 이미 차갑게 냉기가 돌고 있으니까.

범식   그러니 "묵은 걱정에 새 시름 또 쌓"인다고 했지. 남편이 전
        쟁터에 가 있는 게 "묵은 걱정"이라면, 다시 차가워져 겨울

이 가까워진 건 "새 시름"이라 해야겠지.

뭉술 그 깊고 오랜 슬픔에 젖은 여인의 "골방에 귀뚜라미 울음까지 붙"고 있어. 날마다 절망이고 한숨일 텐데, 살아가는 게 용하다. 이 여인은 무슨 낙으로 살아가지?

 시詩 짓는 낙(?)으로 살아가지 않을까요?《논어》에 보면 공자가 제자들에게 "너희들은 왜 시를 배우려 하지 않느냐?"며 시를 지을 줄 아는 것의 좋은 점을 죽 나열해요. 그 중에 시를 지어 "원망도 할 수 있다(양화편 9장)"는 게 있거든요.

뭉술 시로 원망한다고요?

 그것 참, 괜찮은 원망이네.

뭉술 공자님이 원망을 해도 된다고 말했다는 게 나는 믿기지 않는다.

범식 소설가나 시인이 작품을 쓰는 이유로 '자기 치유'를 드는 경우가 많은데, 공자님께서도 그런 말씀을 하신 거라고 봐야지.

야옹샘 시를 지어 울분, 비통, 원한을 삭이는 것을 영혼의 카타르시스 즉 정화라 할 수 있을 거예요. 옛날에 그리스인은 좋은 시는 그것을 감상하는 사람까지도 '영혼을 정화'한다고 생각했어요.

뭉술 하긴 그래. 안 좋은 일이 있을 때, 그것을 풀어놓고 나면 속이 시원해지니까.

야옹샘 맞아요. 그게 바로 카타르시스예요. 카타르시스란 '설사'란
말에서 나와 의미가 확장되었거든요.

뭉술 드글드글 끓는 배가 잠잠해지는 게 '정화'구나! 그럼 카타
르시스, 설사를 하기 위해 빨리 나머지 시도 감상하자.

겨울 풍경화에 쓰인 시는 이러했다.

매화 한 가지 창문으로 뻗었는데
바람 매서운 행랑에 달빛이 밝도다.
겨우 남은 화롯불 부젓가락으로 휘젓고는
아이 불러 찻주전자 가져오라네.

한밤중 서릿발에 나뭇잎 거푸 놀라고
바람은 눈을 몰아 마루를 길게 들이치네.
임 그리워 밤새도록 꿈만 꾸었는데
아아, 옛 전쟁터 빙하에 있었네.

창문 가득히 햇살 드니 봄인 듯 따뜻하고
시름에 붙잡힌 눈썹에 흔적처럼 졸음이 붙었네.

꽃병 속 매화봉오리 뚫고 반쯤 나왔구나.
수줍어 말도 못하고 원앙만 수를 놓네.

매서운 서릿바람 북쪽 수풀 후려치는데
달 보고 차갑게 우는 까마귀 정녕 마음 가네.
등잔불 아래에서 임 생각 눈물 되어
바늘땀에 떨어지니 잠시 바느질 멈추네.

뭉술　"한밤중 서릿발에 나뭇잎 거푸 놀라고"란 구절에서, 서릿
　　　　발에 놀라는 건 자기 자신이겠지? 전쟁터에서 겨울을 견디
　　　　고 있는 남편 생각에 한밤중까지 잠도 못자고 있는 아내의
　　　　마음이 아리게 느껴지네.

캐순　서릿발 매서운 추위에다 "바람은 눈을 몰아 마루를 길게
　　　　들이치"면, 아내의 마음으로 칼바람이 에고 들어오겠지.

　　　　그런 날을 견디고 나자, "꽃병 속 매화봉오리 뚫고 반쯤 나
　　　　왔구나. 수줍어 말도 못하고 원앙만 수를 놓네"라고 읊을
　　　　정도의 때가 찾아들었어.

뭉술　그래봤자 "등잔불 아래에서 임 생각 눈물 되어 바늘땀에
　　　　떨어지"는 때는 끝나지 않았어.

캐순　그렇지. 겨울이 가면 봄은 틀림없이 오는데, 전쟁터에 끌려

간 님은 봄이 된다고 오는 건 아니니까!

범식 사랑하는 연인을 전쟁이 속절없이 갈라놓았구나!

뭉술 최랑과 이생이 만나는 이 기쁜 순간에 이런 시가 걸려 있는
게 좀 찜찜한데…….

다락 한쪽에 따로 조그마한 방이 있었다. 방에는 휘장, 요, 이
불, 베개가 아주 깔끔하게 정리되어 있었다. 휘장 앞에는 사향[*] 훈
기가 퍼져 나오고 있었고, 난초 기름으로 만든 촛불이 타고 있었
다. 불빛은 휘황찬란해 방 안이 대낮같이 밝았다. 이생과 최랑은
그날 밤 사랑의 기쁨을 누렸다. 이랑은 며칠을 그곳에서 지냈다.

범식 최랑이 이생을 자기 침실로 이끌었어. 점점 더 대담해지네.

최랑이 이생에게 담을 넘어오게 할 때부터 이런 상황을 생
각하고 있었잖아. 이생이 소문날까 두려워하자, 최랑이 다
음처럼 말한 것 잊었니?

"나는 그대와 더불어 가시버시의 연을 맺어 길이 행복을 누리고
자 마음먹었습니다. 그런데 그대가 갑자기 이처럼 당혹스런 말

---

[*] 사향노루의 사향샘을 말려서 만든 향료인데, 사랑의 분위기를 돋우는 데 좋다.

을 하실 줄 어찌 알았겠습니까. 저는 비록 여인네이지만 마음에 조금도 거리낌이 없는데, 어찌 대장부에 뜻을 둔 사람이 이런 말씀을 하실 수 있단 말입니까? 만약 언젠가 이 일이 새 나간다면, 부모님의 꾸지람은 저 홀로 감당하겠습니다."

범식   그건 기억하는데, 되어가는 상황이 조금은 당혹스러워서~

뭉술   나도 당혹스럽기는 해. 하지만 범식이 너와는 다른 면에서 말하는 거야. 조선 시대에 양가집[*] 아가씨가 이럴 수 있었다는 게 나한테도 정말 놀라워.

캐순   혹시 최랑이 양가집 아가씨가 아닌 게 아닐까? 그네 집이 양가집이라는 소리가 없었잖아?

뭉술   그렇긴 하지만 최랑네 집에 돈이 엄청 많잖아. 돈 많은 양반이 아니라면 어떻게 그렇게 좋은 집을 짓고 살 수 있었겠어.

조선 시대에 양반만 재산이 많았던 건 아니야. 노비 중에 엄청난 부자도 있었다는 소리를 들은 적이 있어.

뭉술   뭐? 어떻게 노비가 재산을 가질 수 있니?

범식   책을 안 읽어서 조선 시대를 잘 모르는 사람들은 뭉술이 너처럼 생각하는 사람이 많은 것 같아. 노비도 재산을 가질

---

* 일반적으로 말하는 양반 가문의 딸. 법적으로 조선 전기에 양반집이란 명칭은 3~4대 안에 문무 관료를 지낸 집안에만 쓸 수 있었다.

수 있었던 건 팩트야.

캐순 레알! 제주도의 김만덕(1739~1812년)이라는 기생이 엄청난 부자였는데, 흉년이 들자 자기 집 창고에 있던 나락을 풀어 제주도민을 흉년에서 구제했다고도 하니까.

뭉술 그건 조선 후기 정조·순조 때잖아?

 조선 전기에도 부자 노비가 있었어요. 김시습이 〈이생규장전〉을 쓰기 몇 년 전에 있었던 일이 《조선왕조실록》에 기록되어 있어요. 성종 16년에 가뭄이 심하게 들어 백성들의 굶주림이 큰 문제로 떠올랐을 때, 진천에 사는 임복이라는 노비가 곡식을 2천 석이나 내놓은 일[*]이 있을 정도로 부자 노비도 있었어요.

뭉술 흉년이 든 불우 이웃을 돕기 위해 내놓은 곡식이 2천 석이나 되었다고요?

야옹샘 예!

범식 도대체 얼마나 재산이 많았던 거야? 요즘 값으로 단순히 계산해도 2천 석×20만원(나락 1석에 쌀 80Kg은 나옴)하면 4억 원이야. 4억을 불우 이웃 돕기 기금으로 내놓을 사람은 현대에도 드문데 말야.

---

[*] 《조선왕조실록》, 성종 16년(1485년) 7월 24일.

뭉술　대기업들이나 내는 액수이지.

캐순　그 대신에 기업들은 세금 공제 혜택을 받기라도 하지.

범식　그 당시엔 생산력이 아주 낮아서, 쌀값이 요즘 시세보다 수십 배 높았다는 점까지 감안하면 임복이라는 사람이 얼마나 부자였는지 알 수 있겠다.

야옹샘　그 해 8월에 영의정 윤필상도 구휼미를 내놓았다고 왕조실록에 기록되어 있는데, 곡식 5백 석이었어요. 이것과 견줘 보면 노비가 갖고 있던 재산이 얼마나 많았는지 알 수 있을 거예요. 게다가 임복의 집엔 수만 석이 쌓여 있었고[*], 8월 17일에 그는 또 천 석을 나라에 바쳤다고 하네요.

뭉술·캐순·범식 **허얼!**

야옹샘　그때 2천 석을 내놓을 수 있는 노비는 임복만이 아니었어요. 전라도 남평에 사는 가동이라는 노비도 2천 석을 바치겠다고 했대요.[**] 하지만 성종은 그 곡식은 받지 말라고 했어요.

뭉술　아니, 왜요?

 가동이 2천 석을 내려는 의도가 불순하다는 거였어요. 임

---

[*]　《조선왕조실록》, 성종 16년 7월 29일.

[**]　《조선왕조실록》, 성종 16년 8월 30일.

복이 나락 2천 석을 내놓자, 성종은 그와 그 자식들을 노비 신분에서 해방시켜 주었는데, 가동도 임복처럼 해서 천인에서 벗어나려는 뜻이라고 성종은 봤죠. 게다가 그 곡식이 아니더라도 그 해 흉년에 대한 구휼미가 충분히 확보되었거든요.

범식 야옹샘! 곡식 2천 석을 단번에 내놓을 정도의 부자 노비는 상당히 예외적이었겠죠?

야옹샘 정확한 기록은 없지만 그렇다고 봐야 할 거예요. 하지만 곡식 100석(쌀 50석) 정도를 한 번에 내놓을 수 있는 부자 노비는 꽤 있었던 듯해요. 역시 《조선왕조실록》에 기록된 일인데, 김시습으로 하여금 유학을 떠나 불교로 들어가게 만들었던 세조 때의 일이에요. 세조 13년(1467년)에 이시애의 난이 나자, 세조는 관료가 곡식을 내면 진급시켜주고, 천인은 천인 신분에서 벗어나게 해주겠다고 했어요. 이에 천인들이 대거 거기에 따랐죠.

"임금이 함길도의 군수물자가 넉넉하지 못할까 염려하여 호조에 명하여 사람을 모집하게 했다. 관료·군사·한량인이 정부의 쌀 7석을 함흥 이북에 수송하면 1등급을 올려주고, 공노비·사노비가 쌀 50석을 바치면 천인 신분을 벗겨주는 조건을 내걸었다. 그 모집에 응하는 자가 아주 많았

는데, 공·사노비가 훨씬 많았다."[*]

캐순   쌀 쉰 섬을 한 번에 낼 수 있는 집이라면 꽤 부자잖아? 그 정도 재산을 가진 노비가 많았다는 건데, 내가 알고 있던 조선 시대 노비에 대한 상을 지우고 다시 그려야 할 것 같다는 생각이 든다.

뭉술   나도 동감! 그런데 최랑이네가 노비일 리는 없어. 노비가 한문을 배워 한시를 지을 수는 없으니까.

노비도 공부를 할 수 있었어. 심지어는 학생을 가르치는 훈장이 되어 스승 소리를 듣고, 아침마다 제자들로부터 문안 인사를 받았던 노비도 있었거든. 중종 때부터 선조 때까지 살았던 덕로德老 박인수(1521~1592년)가 그 사람이야.

캐순   그 사람에 대해 자세히 좀 말해줘.

범식   박인수는 자기 주인의 아들 신응구(1553~ 1623년)를 제자로 둘 정도였대. 제자 신응구는 박인수가 비록 자기 집 종이었지만 그에게 배운 것을 부끄러워하지 않고 외려 주변 사람에게 스승의 삶을 극진히 알렸어. 심지어는 박인수가 죽은 뒤 그의 삶을 알려주는 묘지墓誌(그 사람의 일대기를 써서 묘에 묻은 글)를 신흠에게 부탁해 쓰게 할 정도였다는 거야. 이것

***

* 《조선왕조실록》, 세조 13년 7월 4일.

은 정말 특별한 일이야. 신흠은 이정구·장유·이식과 더불어 조선 중기 한문학의 4대가로 일컬어질 정도로 이름이 쩡쩡 울리던 사람이거든.

뭉술 그렇게 이름 있던 사람이 노비의 묘지에 글을 썼단 말이야? 그의 학문이 엄청 뛰어났나 보다. 노비가 어떻게 공부를 할 수 있었지?

범식 노비는 공부를 해서는 안 된다는 법은 없었으니까.

  노비는 과거시험을 볼 수 없었잖아?

범식 맞아. 그 점은 조선 시대가 비판받을 점이야. 하지만 공부라는 게 꼭 과거에 합격해서 관직에 나가자는 것만은 아니라고 그 당시 사람들도 생각했어. 자기의 인격을 길러 격조 있게 살 수 있는 터전을 마련하기 위해 공부를 하는 거라고 여기는 사람도 많았지. 그에 딱 맞는 사람이 바로 박인수야. 그에 관한 이야기가 유몽인의 《어우야담》에 나와. 박인수의 묘지와 《어우야담》에 나온 이야기를 바탕으로 봤을 때, 그는 젊어서 장사를 해서 돈을 꽤 벌었어. 돈은 많았지만 어떻게 사는 게 제대로 사는 건지 알 수 없었지. 그러던 어느 날 그는 장사를 팽개치고 금강산으로 들어갔어. '사는 게 무엇인지 알지 않으면 안 된다'고 생각했지. 거기서 불경을 읽었다고 하니, 그 전에 한문은 이미 익혔던 거 같아.

불경을 공부하던 중에 서경덕의 제자 박지화를 만났지. 그를 스승으로 삼아 유학을 배우고 깨친 뒤 금강산에서 나왔어. 그러고는 자기 재물을 어버이와 동기간들에게 나누어 주었지. 자기는 약간의 재산만 취하고 말야. 그러곤 깨끗한 방 한 칸에 살면서 왼쪽엔 거문고, 오른쪽엔 책을 놓고 담담히 살았지. 가끔 이름난 산수山水를 찾아다니다가 마음에 드는 곳을 만나면 돌아올 줄을 몰랐대. 사람들은 그의 고결함에 감탄했지. 산수가 아름다운 곳에 초가집을 짓고서, 시냇가에 조용히 앉아 거문고를 켜며 즐기니, 밝게 피어나는 얼굴에 흰 수염 내린 것이 영락없는 신선이었다고 해.

 '신선 노비'인 거네!

캐순 노비제도를 없애지 않았다는 점에서 조선은 비판받아 마땅하지만, 조선의 노비를 서양의 노예 보듯이 해서는 안 될 것 같아.

범식 아무튼 이생이 최랑과 그렇게 며칠이나 지냈어. 그 뒤, 이생의 태도가 궁금하지 않니? 다시 이야기 속으로 돌아가자.

하루는 이생이 최랑에게 말했다.

"옛 성인은 말씀하셨지요. '어버이가 계시거든 멀리 나갈 땐 반드시 가는 곳을 알려라'라고. 그런데 나는 지금 부모님께 아침

저녁 문안 인사를 드리지 못한 지가 벌써 사흘이나 되었소. 부모님께서는 틀림없이 문밖으로 나와 문에 기대고서 내가 돌아오기만을 기다리고 있을 것이오. 이는 자식 된 도리가 아니오."

최랑은 측은한 마음이 들어 고개를 끄덕이고는, 이생을 담 너머로 보내주었다.

캐순   이생은 역시 현실적인 아이야. 그 엄청난 일을 해놓고서 부
       모님께 문안 인사 못 드린 것만 걱정하고 있다니, 쯧쯧~
범식   어버이가 걱정하고 있는 것도 사실이잖아?
캐순   누가 아니라니! 그렇게 걱정되면 그날 밤 최랑에게 오지
       말았어야지. 설사 왔다 하더라도 날이 새기 전에 돌아갔어
       야지. 하룻밤 지냈다 하더라도 날이 새면 바로 돌아갔어야
       지. 며칠씩이나 함께 뒹굴고선 겨우 한다는 소리가 '성인이
       어쩌고, 어버이가 어쩌고' 하니까 하는 말이지.
뭉술   캐순아, 너무 흥분하지 마. 이생이 아직 어려서 그러잖아?
  어리긴 뭐가 어리니? 열여덟이나 먹어가지고, 자기 행동이
       뜻하는 게 뭔지도 모르고. 최랑은 그보다 두세 살 더 어리
       지만, 얼마나 당당하고 주체적이니?
범식   그럼 계속 그곳에 있어야 한다는 소리니?
캐순   그게 아니라, 이제 어떻게 할 것인가, 부모님께는 언제 알

릴 것인가, 이런 소리를 해야 하는 것 아니니?

뭉술   나는 캐순이 말에 한 표다.

범식   집에 간 뒤 이생이 어떻게 하는지 좀더 지켜보자.

이 일이 있은 뒤부터, 이생이 최랑을 찾아오지 않은 날이 없었다.

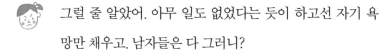 그럴 줄 알았어. 아무 일도 없었다는 듯이 하고선 자기 욕
        망만 채우고. 남자들은 다 그러니?

뭉술   남자들이 다 그러겠어? 이생이 못나서 그런 거지.

범식   내 생각에도, 이생이 아직 여물지 못한 사람이라는 생각이
        들어.

캐순   공부는 해서 뭐해? 이럴 땐 어떻게 해야 한다는 판단력 하
        나 못 길러가지고서는. 쯧쯧.

06

찢겨진 사랑,
부부의 연으로 이어지다

어느 날 저녁 이생의 아버지가 아들에게 물었다.

"너는 아침 일찍 국학에 갔다가 저녁이 되어서야 돌아오는 생활을 하고 있다. 이것은 성인들의 어질고 올바른 말씀을 배워 익히자는 것이다. 그런데 요즘 너는 어스름에도 나갔다가 새벽에서야 돌아온다. 무슨 일을 하고 다니는 게냐? 남의 집 담을 넘어가 꽃나무를 꺾는 방탕한 짓을 하고 다니는 게 틀림없겠지. 이 일이 드러나기라도 하는 날이면, 사람들은 내가 자식을 엄히 가르치지 못해 그렇다고 책망할 것이다. 더욱이 그 여성이 이름난 양반 가문의 딸이기라도 하면, 너의 그 못된 짓으로 하여 그 집안은 이름을 더럽히고 욕을 보게 될 것이다. 이 일은 작은 일이 아니다. 너는 당장 집을 떠나 영남으로 내려가라. 거기서 일꾼들을 데리고 농사나 감독하고, 다시는 집으로 돌아오지 말거라."

캐순   이생의 아버지, 문제 있다는 생각이 들지 않니?

범식   아니 왜? 아들을 멀리 보내, 밤이슬 맞으며 돌아다니지 못하게 하는 것도 한 방법이잖아?

캐순	최종적인 결론이야 그럴 수 있어. 문제는 자식의 말을 하나도 듣지 않고 있다는 거야. 혼자 북치고 장구치고 다 하잖아.
뭉술	이미 다 알고 있어서 그런 게 아닌가?

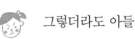 그렇더라도 아들의 말을 들어 봐야 할 것 아냐? 평상시에도 이생의 아버지는 이랬을 거야. 이생이 그 모양으로 주체적이지 못했던 것도 다 아버지 때문이라고 생각해. 아버지와 아들 둘 다 소문이 안 나기만을 바라고 있는데, 이들의 생각이 일치하는 게 괜히 그런 게 아니지.

범식	이생의 아버지에게 문제가 있다는 건 이해해. 하지만 이생의 그런 태도가 다 그의 아버지 때문이라는 건 동의를 못하겠어. 그와 똑같은 아버지를 둔 사람이라고 해서 반드시 이생처럼 살라는 법은 없으니까.

 그건 범식이 말이 맞아. 하지만 이생의 아버지에게 책임이 없다고도 할 수 없어. 두 사람 다 문제라고 봐야 할 것 같아.

범식	아버지의 불호령을 들은 이생이 어떻게 할까?
캐순	빤하지 않겠어?

바로 다음 날 이생은 울주(울산)로 귀양 가듯 쫓겨 갔다. 최랑은 저녁마다 꽃동산에 나와 이생을 기다렸다. 날이 가고 달이 가고 몇 달이 되어도 이생은 돌아오지 않았다. 최랑은 이생이 병이 들

어 못 오는 거라고 생각했다. 최랑은 향아를 이생의 이웃집에 보내 몰래 소식을 알아보게 했다. 이생의 이웃집 사람이 다음처럼 말했다.

"이 도령은 아버지에게 죄를 지어 영남으로 떠난 지 벌써 몇 달이나 되었다오."

최랑은 이 소식을 듣고 그만 병이 나 몸져눕고 말았다. 병은 갈수록 깊어져 일어나는 것도 힘이 들게 되었다. 나중에는 밥 한 숟가락, 물 한 모금 입에 대지 못했다. 말을 하는데 앞뒤가 맞지 않았으며, 얼굴은 초췌하니 쭈글쭈글했다.

캐순   이생이 이럴 줄 알았어. 최랑에게 연락도 하지 않고 떠날 정도의 인간 밖에 못 될 거라고 내 생각했지.

뭉술   아버지가 하도 성화시니까 그랬겠지. 그렇게 떠나는 이생의 마음도 좋지는 않았을 거야.

그래도 최랑에게 자초지종은 알리고 갔어야 한다고 생각해.

캐순   그것도 못하고 떠날 정도로 이생이 평소에 아버지에게 눌려 지냈던 거지. 이 아버지 문제 있다니깐!

범식   그 정도면서 최랑이랑 사흘 밤낮을 지낼 생각을 어떻게 했지?

뭉술   그거야 우선 좋으니까 그랬겠지. 무서운 아버지는 멀리 있

고 아리따운 아가씨는 옆에 있잖아~

범식   그 정도밖에 안 되는 인간을 최랑은 어쩌자고 좋아서 죽고 못 사는지, 나 원 참. 최랑의 마음을 알 수가 없다 정말.

캐순   그 마음 최랑도 잘 모를 걸~ 사랑은 이해되는 게 아니라, 그냥 끌리는 거니까.

최랑의 부모는 갑자기 딸이 그렇게 된 게 너무나 이상해서 왜 그러느냐고 병의 증세를 물었으나, 딸은 아무런 말도 하지 않았다. 최랑의 부모는 딸이 쓰던 상자를 들추어 보았다. 뜻밖에도 지난 날 딸이 이생과 주고받았던 시가 나왔다. 놀랍고도 의아한 일이었다. 최랑의 부모는 무릎을 치며 말했다. "하마터면 우리 딸을 잃을 뻔했구려!"

그들은 딸에게 물었다.

"이생이 대체 누구냐?"

캐순   이생에겐 아버지만 등장해 다그쳤는데, 최랑에겐 어머니와 아버지 두 분 다 나타나 최랑을 걱정하고 있어. 두 집 분위기가 다르다고 생각하지 않니?

뭉술   최랑은 아파서 밥도 못 먹고 있으니까, 두 분 다 걱정하는 게 당연하지.

캐순   최랑 집이야 뭉술이 네 말이 맞다 하더라도, 이생 집은 아
      버지가 독재적인 건 확실해.

범식   아무리 딸이 아픈 상황이긴 하지만, 무턱대고 화내지 않고
      "이생이 대체 누구냐?"라고 물은 건 최랑의 어버이가 자식
      을 인격적으로 대하고 있다는 생각이 들어.

뭉술   이생과 최랑이 사랑의 시만 주고받은 것이 아니라, 이미 정
      을 통했다는 걸 알고서도 그렇게 관대하고 여유롭게 딸을
      대할 수 있을까?

범식   설마 그것까지 얘기하겠어?

일이 이렇게 되자 최랑도 더는 감추지 않았다. 말이 목구멍에 붙
어 들릴락 말락 했지만 그간의 일을 부모님에게 말씀드렸다.

"아버님, 어머님께서 저를 길러주신 은혜 깊고도 깊으니, 어찌
끝까지 감추겠습니까? 제 생각에 남녀가 서로 사랑을 느끼는 것
은 지극히 온당한 일입니다. 그래서 《시경》에서는 '매실이 익은
때의 잔칫날'을 노래하여 혼기를 늦추어서는 안 된다는 것을 알
렸습니다. 한편 《주역》에서는 섣불리 서둘다가 가볍게 몸을 놀
리면 도리어 불길하다고도 경계했습니다.

저는 냇가 버들 같은 몸으로 옛사람이 남긴 교훈을 생각지 않
고, 밤이슬에 옷자락을 적시어 사람들에게 비웃음을 받게 되었

습니다. 덩굴과 이끼가 나무에 붙어서 살듯이, 한 사내와 눈이 맞아 부부의 연을 맺었던 위당의 소녀처럼, 저 또한 이미 그러하였습니다. 제가 지은 죄가 넘쳐 우리 가문의 이름까지 더럽히게 되었습니다.

게다가 '교활한 그 아이'*가 정을 통한 뒤 그냥 떠나버려, 제 마음 속에 원망만 천만 번 생겨났습니다. 여리고 또 여린 이 몸으로 외로움을 견디노라니, 맥은 풀리고 그리운 마음은 날로 깊어졌습니다. 그런 만큼 병은 날로 더해가서 죽을 지경에 이르렀습니다. 끝내 원한 맺힌 귀신이 되지나 않을까 두렵습니다."

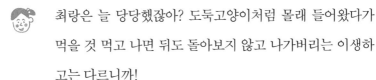

뭉술   와, 최랑 쎄다. 하나도 숨기지 않고 다 말해버리네.

        최랑은 늘 당당했잖아? 도둑고양이처럼 몰래 들어왔다가 먹을 것 먹고 나면 뒤도 돌아보지 않고 나가버리는 이생하고는 다르니까!

범식   딸에게서 이런 소리를 듣고 나면 그 어버이는 어떤 심정일까?

캐순   요즘 세상도 아니고 조선 시대에 그렇게 말했으니, 그 부모도 난감하기는 했겠지.

---

* 《시경》에 나오는 바람둥이이다. 그를 사랑한 여인이 "저 교활한 아이 나와 말도 하지 않네 / 저 때문에 나는 밥도 못 먹게 되었는데"라고 읊었다.

뭉술   배신감과 분노로 딸을 용서하지 못할 것 같아.

캐순   이생에게 배신감을 느낀다면 몰라도, 딸에게 웬 배신감? 어버이의 허락을 받고 연애를 했으면 더 좋았겠지만, 결혼할 나이가 된 처녀가 연애를 했기로서니 그 부모가 배신감까지 느낄 필요는 없잖아? 서운한 느낌 정도가 적당하다고 생각해.

범식   최랑 부모가 어떻게 할지 나는 궁금해.

캐순   어떻게 하긴 뭘 어떻게 해. 그냥 받아들여야지.

뭉술   최랑은 도망간 이생을 원망하고 있으면서 왜 툴툴 털고 일어서지 못하지?

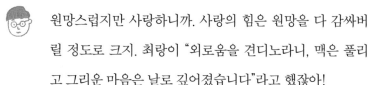   원망스럽지만 사랑하니까. 사랑의 힘은 원망을 다 감싸버릴 정도로 크지. 최랑이 "외로움을 견디노라니, 맥은 풀리고 그리운 마음은 날로 깊어졌습니다"라고 했잖아!

뭉술   사랑은 그런 건가?

"아버님, 어머님! 만약 제 소원을 들어주시면 제 목숨을 건지겠지만, 제 마음 몰라주시면 죽음이 있을 뿐입니다. 죽어, 황천에서 이생을 만나 그와 다시 놀지언정 결단코 다른 사람에겐 시집을 가지 않겠습니다."

사랑이 뭔지 정말 모르겠다. 뺀질이에, 책임성이라곤 벼룩의 간만큼도 없는 이생이 뭐가 좋다고 최랑은 자기 목숨을 걸지?

캐순 사랑이니까!

범식 당차고 담대하고 글도 잘 짓던 최랑은 어디가고, 눈 먼 바보 최랑만 남은 거야?

뭉술 총 맞은 거지.

캐순 맞아, 그거야! 백지영의 〈총 맞은 것처럼〉을 들어 봐. 최랑은 그런 사랑을 한 거야.

범식 이 곡이 북녘 대학생들의 애창곡 1위래. 북한 공연 때 백지영이 직접 가서 불렀지. 그런데, 이런 사랑 정말 있을까?

뭉술 야옹샘! 샘은 어떻게 생각하세요?

야옹샘 그런 사랑은 있다고 생각해요. 사랑보다 더 힘이 센 건 없으니까요.

범식 예수님이 말한 인류애나, 부처님의 자비심 같은 거 말고요. 에로스 말이에요.

 그래요. 에로스 말이에요. 그리스인들은 신 중의 신 제우스조차도 저항할 수 없는 게 있는데, 그게 사랑이라고 생각했어요. 그리스 비극 《트라키스의 여인들》에 나오는데, 샘이 읽어 볼게요.

"아프로디테의 힘은 위대하여 언제나 승리를 거두는구나. 나는 신들에 관해서는 언급하지 않을 것이며, 크로노스의 아드님(제우스)과 어둠의 주인인 하데스와 대지를 흔드는 포세이돈을 그녀가 어떻게 호렸는지 말하지 않으리라."[*]

캐순   말하지 않는다면서 다 말하네.

범식   에로스의 어머니가 사랑의 여신 아프로디테니까(다른 설도 있다), 그리스인들은 정말 그렇게 생각했네요.

뭉술   최랑이 에로스(큐피트)의 화살을 맞은 거네.

캐순   백지영의 총을 맞았다니까~

범식   두 사람 정신 차리고, 이제 최랑의 어버이가 어찌할 것인가를 보자.

이렇게 하여, 최랑의 어버이는 딸이 바라는 게 무엇인지 똑똑히 알았다. 더는 병에 대해 묻지 않았으나, 한편으론 깨우치고 또는 달래고 하여 딸의 마음을 편하게 해주었다. 그러고는 중매쟁이를 이생의 집에 보내 예를 갖추어 청혼했다.

이생의 아버지는 최랑의 집안이 넉넉한지 물었다. 그러고는 이

---

[*]   소포클레스 지음, 천병희 옮김, 《소포클레스 비극전집, 트라키스 여인들》, 숲, 2008, 317쪽.

렇게 말했다.

"우리 집 못난 자식이 아직 철이 덜 들어 천방지축 모르고 싸돌아다니기도 했지만, 학문에 정통하고 풍채도 그만하면 사람 노릇하게 생겼소. 내가 바라는 바는 조만간 과거에 장원급제하여, 뒷날 봉황의 울음소리를 세상에 내는 것이오. 너무 서둘러 혼인을 맺어주고 싶은 생각이 없소이다."

캐순 이생의 아버지 너무한 거 아니야? 정말 최랑의 부모님과 비교된다.

공부에 좀더 힘을 쏟아 과거에 합격한 뒤 결혼을 시키겠다는 아버지 생각도 나는 어느 정도 이해가 돼. 하던 공부니까 마저 해서 끝내는 것도 좋잖아?

자기 자식만 생각하면 그럴 수도 있겠지. 최랑은 그러면 어쩌라고? 너무 이기적이잖아!

뭉술 얼른 과거에 합격해야지.

범식 과거에 합격한 뒤 결혼하려면 총각귀신으로 죽을 수도 있어. 천재 소리를 듣는 율곡 이이(1536~1584년)도 스물아홉(1564년)에야 문과에 합격했으니까.

뭉술 정말~ 그럼 대부분이 서른 넘어서 과거에 합격했겠네?

범식 그보다도 합격을 할 수 있느냐가 더 급한 질문일 걸? 과거를 준비한 사람 대부분이 합격 근처에도 못 갔으니까. 다섯 살 때부터 신동 소리를 듣고, 세종대왕이 그를 왕궁으로 불러 그의 천재성을 확인하기까지 했던 김시습도 열아홉 살에 과거시험 1단계도 통과하지 못 하고 떨어졌으니까. 물론 20대에 합격한 사람이 없는 건 아니야.

뭉술 이 작품을 쓴 김시습도 그랬단 말이지?

범식 그래.

캐순 상황이 그렇다면, 이생이 과거에 합격한 뒤 결혼을 시키겠다는 소리는 최랑과 결혼을 안 시키겠다는 소리구나?

범식 그렇지. 당시에 열여덟이면 이른 결혼도 아닌데, 그렇게 말한 걸로 봐서는 그렇다고 봐야지.

캐순 이생의 아버지는 왜 그 결혼을 반대하지.

뭉술 말은 안 했지만, 최랑의 행실이 마음에 들지 않았던 거 아닐까?

범식 그럴 수 있지. 자기 자식의 행동은 대수롭게 여기지 않고, 그 친구의 행동은 크게 문제 삼는 사람들이 그때나 지금이나 많으니까.

중매쟁이가 그대로 전하자, 최랑의 아버지는 중매쟁이를 다시 보내 말을 넣었다.

"내 주위에 있는 벗들이 하나같이 그 댁 아드님의 재주가 남달리 뛰어나다고들 칭찬하고 있습니다. 지금은 비록 댁의 아드님이 과거에 오르지 못해, 똬리를 틀고서 웅크리고 있는 형세이지만, 앞날에도 계속 못 속의 고기처럼 갇혀만 있으리라고 여길 수는 없는 일이지요. 서둘러 좋은 날을 잡아 두 사람에게 혼인을 맺어주는 것이 좋겠습니다."

중매쟁이가 이씨 집에 이 말을 다시 넣자, 이생의 아버지가 대답했다.

"나도 어린 시절부터 책을 손에서 놓지 않고 글공부만 했으나, 나이만 먹고 이룬 것은 아무것도 없소이다. 그 와중에 종들은 흩어지고 도움을 주는 친척도 없다시피 하지요. 보다시피 생업은 신통치 않고, 살림살이는 보잘 게 없소. 최씨 집은 가문도 짱짱하고 재산도 많은데, 어찌 나처럼 가난한 사람의 자식을 사위로 맞아들이려고 하겠소. 이는 틀림없이 말 지어내기를 좋아하는 사람이, 우리 집을 터무니없이 치켜세워 고귀한 아가씨 집을 속였을 것이오."

범식   최랑의 부모님은 이생 집에서 혼인을 마다한 게 이생 집이
        최랑네 집보다 많이 꿀리니까 자격지심에서 그랬다고 생
        각하는 것 같은데?

뭉술 　범식이는 왜 그렇다고 생각하지? 나는 잘 모르겠는데.

범식 　이생이 지금은 과거에 합격을 못해 그저 그렇게 살고 있지
　　　만, 재주가 뛰어난데 언제까지 그러겠냐며 이생의 부모님
　　　을 위로하며 설득하고 있으니까.

캐순 　이생의 아버지가 대답한 말을 들어 보아도 범식이가 한 추
　　　론이 그럴싸하다는 생각이 드네.

범식 　혼인은 엇비슷하고 얼추 맞는 집안의 사람과 해야 한다는
　　　말도 있었으니까, 이생 부모의 판단도 영 틀린 것은 아니라
　　　는 생각이 든다.

뭉술 　최랑의 부모님은 이제 어떻게 해야 하지?

중매쟁이는 들은 말을 최랑의 부모에게 그대로 전했다. 그러자
최랑의 부모가 말했다.

"혼례를 치르는 데 필요한 비용은 말할 것도 없고, 혼수에 드는
비용까지도 우리가 대겠소. 좋은 날을 받아 화촉을 밝히도록
합시다."

중매쟁이가 이 말을 이씨 집에 그대로 전했다. 그러자 이씨 집에
서도 마음을 돌려, 사람을 보내서 아들의 뜻을 물어보았다.

범식 　아, 이거였단 말이야!

뭉술   밑도 끝도 없이 그렇게 말하면 어떻게 알아먹니?

   혼례에 들어가는 비용을 각시가 될 집에 몽땅 떠넘기려고 그렇게 짐짓 뺀 체했다는 생각이 들지 않니?

캐순   한쪽이 몹시 힘들고 그에 비해 다른 쪽은 넉넉하다면, 넉넉한 쪽에서 부담하는 것도 괜찮다고 생각하는데, 나는.

뭉술   내 생각도 같아. 다만 그런 것 때문이었다면, 처음부터 솔직하게 얘기했으면 더 나았을 텐데 하는 생각은 들어.

캐순   솔직한 게 좋을 수도 있지만, 그렇게 얘기했다가 최랑 집에서 안 받아들이면 서로 간에 몹시 어색해질 거야.

범식   그럴 수도 있겠다. 이생의 부모님을 너무 안 좋게만 보는 것도 문제라는 생각이 든다. 흔쾌하게 마음에 드는 사람은 아니지만, 혼사 문제를 최종적으로는 당사자인 이생에게 맡기고 있는 것을 보니, 평균적인 사람은 되는 것 같아.

   어쨌든 최랑의 어버이는 확실히 돋보여.

캐순   그런 부모가 있었기에 최랑이 있었겠지!

이생은 너무 기뻐 시를 지었다.

　깨진 거울 온전케 되는 만남에도 때가 있지
　은하수 까막까치 그 기쁜 때 도왔네.

오늘 월하노인[*]이 엉킨 실타래 풀었으니

접동새^{**}여! 봄바람 맞이하고 원망일랑 거두게나.

뭉술 이생이 최랑에게 자신을 용서하라는 거구만.

범식 최랑에게 말 한 마디 없이 떠나버린 것에 대해서는 입도 뻥

　　　긋하지 않은 채 무턱대고 원망을 거두라고만 하고 있어.

캐순 요즘 유행하는 유체이탈 화법이 그때도 있었던 거지.

뭉술 그런데 이 시엔 문제가 있는 것 같아. "깨진 거울 온전케 되

　　　는 만남"이라고 했는데, 깨진 거울이 어떻게 온전케 되냐?

캐순 비유잖아!

　　　그것에는 내려오는 이야기가 있어요. 옛날 중국에 서덕언

　　　과 낙창공주가 있었죠. 두 사람은 서로 가시버시가 되었는

　　　데, 얼마 안 있어 나라가 망했어요. 정복자는 낙창공주를

　　　첩으로 삼았죠. 첩이 되어 떠나는 아내에게 서덕언은 거울

　　　을 쪼개 그 반쪽을 주며 말했어요. "정월 보름에 시장에서

---

* 혼인을 관장하는 신이다. 당나라 때 월하노인이 위고라는 사람에게 붉은 실로 결혼할 대
상을 가리켜주었는데, 위고는 나중에 월하노인의 말대로 그 여인과 결혼하게 되었다. 그
래서 월하노인이 붉은 실로 두 사람을 묶어주어, 두 사람이 부부의 인연을 맺게 된다는
믿음이 생겨났다.

** 여기서는 최랑을 가리킨다. 신하에게 왕위를 빼앗긴 왕이 죽어서 접동새가 되어 목구멍
에서 피가 나도록 울어댔는데, 그 피가 떨어져 진달래꽃이 되었다는 전설이 있다.

이 거울을 비싸게 파시오." 때가 되어 약속 장소인 시장을 찾아갔지만, 아내는 안 보이고, 다른 사람이 깨진 거울을 비싸게 팔고 있었죠. 서덕언은 시 한 수를 지어 그 사람을 통해 아내에게 보냈어요.

거울과 님 함께 떠났건만
거울만 돌아왔구나
보름달 속 항아(낙창공주)는 보이지 않는데
헛되이 달빛만 휘영청 밝네.
(중국 설화집,《태평광기太平廣記》)

시를 받아든 아내는 단식에 들어갔어요. 그러자 낙창공주를 데려갔던 정복자는 시를 본 뒤, 서덕언에게 되돌아가라고 여인에게 말했대요. 이때부터 이혼을 '파경' 즉 거울이 깨진 것으로, 재결합을 '파경중원破鏡重圓' 즉 깨진 거울이 다시 온전케 된 것으로 말했어요.

 이생 자신은 서덕언이 못 되었으면서 그 일을 들먹이다니, 그는 정말 염치도 없는 인간일세.

뭉술 최랑이 이생의 시를 읽고 어떤 시로 화답하는지 살펴보자.

최랑은 이생이 그 같은 시를 지었다는 소식을 들었다. 그녀의 몸도 차츰 좋아졌다. 최랑은 시를 지었다.

나쁜 인연이 좋은 인연이었구나.
사랑 맹세 드디어 온전하네.
작은 수레* 함께 끌 날 언제이런가?
아이야 날 일으켜라 꽃비녀 수선하자.

캐순   최랑이 이생을 그냥 받아들이는구나.
범식   그게 사랑이니까.
뭉술   이생도 이제는 최랑을 목숨 걸고 사랑하겠지?
캐순   느끼고 성장하고 성숙해졌다면 그러겠지.
    다음으로 넘어가기 전에 한 가지 말하고 싶어. 최랑은 시를 지을 때, 이생을 꼬드길 때부터 이 시까지 고사(옛날부터 전해오는 이야기)를 거의 활용하지 않고 자신의 감정을 나타냈어. 이에 반해 이생은 최랑에게 첫 시를 보냈을 때도 그랬지만, 이번 시에서도 고사를 많이 집어넣어 시를 지었어.

---

*   원문은 녹거鹿車다. 녹거는 작은 수레를 뜻한다. 한나라 환소군과 포선이 혼례를 치른 뒤, 사슴 한 마리 겨우 들어갈 정도로 작은 수레에 살림살이를 싣고 시댁으로 갔다는 이야기에서 유래한다.

김시습이 두 사람의 성향을 달리 드러내기 위해 일부러 그런 거겠지?

캐순 그럴싸하고 재미있는 추론이야.

뭉술 내가 오늘 밤 꿈속에서 김시습 시인을 만나 물어보고 알려주겠음~ 못 만나면 어쩔 수 없고~

이에 좋은 날을 골라 혼례를 치르니, 끊어졌던 거문고 줄이 다시 이어졌다. 최랑과 이생은 한 가정을 이루어 서로 사랑하고 서로 존경했다. 서로가 존경함이 극진해, 마치 서로 귀한 손님 대하는 것 같았다. 옛날에 가시버시 사이가 지극했다는 양홍(후한 때 가난한 선비)과 맹광(전한 때 부잣집 딸) 부부나, 포선(후한 때 가난한 선비)과 환소군(전한 때 부잣집 딸) 부부도 이들의 절개와 의리에 비하면 보잘 게 없었다.

이생은 이듬해에 과거에 합격했다. 그는 중요한 벼슬에 올라 이름이 나라에 알려지게 되었다.

뭉술 이생도 이제 사람이 바뀐 듯한데?

범식 바뀌어야지. 하지만 아직은 몰라. 결혼생활이 이제 시작이잖아.

캐순 나한테는 "서로 사랑하고 서로 존경했다"는 말이 눈에 확

들어온다. 사랑하면서도 존경한다는 게 쉽지 않잖아.

 가시버시 사이에 서로 '사랑'이 있는 것은 그럴 수 있겠다 싶지만, 남편이 아내를, 아내가 남편을 '존경하기'는 쉽지 않을 것 같아. 특히나 당시에 남편이 아내를 존경하는 것은 더 어려웠을 것 같고.

범식 그래서 조선에선 꼬맹이 때부터 남편과 아내는 서로 존경해야 한다고 가르쳤어. 꼬맹이들이 읽었던 《사자소학》에 '부부는 구별이 있으니, 서로 손님처럼 공경하여라[부부유별夫婦有別 상경여빈相敬如賓]'라는 글귀가 있거든. '서로 손님처럼 대하는 것'보다 더 상대편을 존중하는 인간관계가 있을까?

 '부부유별'의 핵심이 "서로 손님처럼 공경하여라"였구나! 여기에 '서로 사랑하라'도 함께 있었으면 훨씬 좋았을 텐데.

뭉술 맞아. 하지만 아내와 남편은 서로 사랑하는 게 당연해서 말을 안 했을 수도 있지.

범식 김시습이 보여준 최랑과 이생은 사랑하고 공경했잖아.

뭉술 두 사람 행복하구나. 이제 자식만 낳으면 되나?

07

또 다시 찾아온
갑작스런 이별은?

1361년(공민왕 10년)이었다. 홍건적이 우리나라를 쳐들어왔다. 적들이 고려의 수도인 개성을 점령했다. 고려 공민왕은 복주(안동)로 피난을 갔다. 적들은 이집 저집 불을 마구 질러댔고, 사람을 닥치는 대로 죽이고, 가축을 마구 잡아먹었다.

백성들은 부부와 친척끼리도 서로 보호하지 못해, 이 사람은 여기로 도망치고 저 사람은 저기로 숨었다. 이생도 가족을 이끌고서 깊은 산골까지에 숨으러 집을 떠났다. 그런데 적 한 명이 나타났다. 적이 칼을 뽑아 들고 쫓아왔다. 이생은 냅다 뛰어 도망갔다. 그는 적에게서 벗어났다. 그러나 그의 아내 최랑은 적에게 잡히고 말았다. 적은 최랑을 겁탈하려 덤벼들었다. 최랑은 큰소리로 적을 꾸짖었다.

"이 살인마야, 차라리 나를 죽여라. 내 죽어 이리 승냥이의 뱃속에 내 무덤을 둘지언정, 어찌 개돼지의 짝이 된단 말이냐?"

적은 씩씩거리며 최랑을 칼로 내리치고 마구 찔렀다.

뭉술   그럼 그렇지. 최랑 방에 있던 시가 뭔가 이상했어. 전쟁이

결국 이들을 갈라놓고 말았어.

캐순   그래, 그 시가 일종의 복선이었구나.

범식   최랑과 이생, 행복하고 즐거운 시절이 너무나도 짧다.

뭉술   아, 겨우 가시버시가 되어 행복했는데 전쟁이 터졌구나. 그 런데 홍건적이 얼마나 대단했기에 개경이 함락되고 임금 은 안동까지 피난가야 했지?

캐순   범식아, 홍건적의 침략에 대해 간략하게 설명해줘!

중국의 권력 교체기 때 일어난 일이야. 중국 내부의 분란이 고려로 옮겨붙은 거지. 원나라가 극심하게 부패하자, 홍건 적은 1355년에 봉기했어. 처음에는 그 기세가 상당했지만 내부 분열로 약화되었고, 그 중 일부가 원나라 군대에 쫓겨 만주로 밀려왔지. 그들은 1359년(공민왕 8년)에 고려로 들어 왔어. 4만여 명의 홍건적이 침입해 들어와 서경(평양)이 점 령당하기도 했지만, 고려군의 반격으로 그들은 만주로 쫓 겨났어. 2년 후(1361년)에 이들은 또 다시 고려로 밀려왔지. 이번에는 10만 명이 넘는 홍건적이 쳐들어와, 고려의 수도 개경이 함락되고 공민왕은 경상도 안동까지 피신했어. 이 성계, 최영, 정세운 등의 무력에 힘입어 고려군은 홍건적을 격퇴하고 개경을 되찾았지. 하지만 홍건적의 침공은 고려 사회에 커다란 상처와 자극을 남겼어.

캐순   고려 백성들의 피비린내가 진동했겠구나.

뭉술   홍건적 10만 명에게 고려군이 당한 거야 그럴 수 있다고
       해. 그렇지만 이생은 도대체 어떻게 된 인간이기에 단 한
       명의 홍건적을 물리치지 못하고 도망을 가냐?

범식   홍건적이 칼을 들고 있잖아~

       아무리 적이 칼을 들고 있어도 그렇지. 아내도 버려두고 혼
       자 살겠다고 내빼는 건 말이 안 되잖아?

뭉술   아내 최랑이 정절을 지키느라 무참히 죽어간 것을 생각하
       면 이생이 더 용서가 안 된다.

       나는 그 점에 대해 조금 달리 생각해. 최랑이 남편이 있는
       몸이어서 정조를 지키기 위해, 칼을 든 홍건적에게 맞섰다
       고 생각하지 않아. 그냥 최랑 자신의 존엄성을 지키기 위해
       서 죽음을 무릅썼을 뿐이라고 생각해. 최랑의 말을 다시 들
       어봐! 남편이 있니 어쩌니 하지 않아. 개돼지와는 관계를
       맺을 수 없다고 했을 뿐이야.

뭉술   듣고 보니 범식이 말이 맞네. 내가 생각 없이 일반적으로
       퍼져있는 통념을 그냥 말했던 것 같아.

캐순   사랑하고 존경했다는 아내가 이렇게 난도질당해 죽어갔는
       데도 이생은 잘 살 수 있을까?

이생은 황폐한 들판에 몸을 꼭꼭 숨겨 목숨을 겨우 보존했다. 적들이 패배해 물러갔다는 소리를 들은 뒤에야 그는 부모님이 사시던 옛집을 찾아갔다. 그 집은 벌써 전쟁 통에 불에 타 버리고 아무 것도 없었다. 이제 그는 최랑의 부모 집을 찾아갔다. 행랑채만 쓸쓸히 서 있었는데, 쥐 떼들이 여기저기서 찍찍 소리를 내고 새들이 짹짹거릴 뿐이었다. 이생은 슬픔을 누르지 못했다. 그는 최랑을 처음 만나 함께 지냈던 누각에 올라갔다. 이생의 눈에선 눈물이 줄줄 흘러내리고, 그의 입에선 긴 한숨이 나왔다. 그는 홀로 우두커니 앉아 있었다. 어느덧 날이 저물었다. 멍하니 옛날의 즐거웠던 일이 떠올랐다. 모든 것이 한바탕 꿈 같았다.

범식 나한테도 꿈만 같다. 두 사람이 결혼해 잘 사는가 싶더니 바로 사별이라니.

뭉술 삶이 다 그런 거야, 범식아~~~

 이생의 서러운 마음을 시로 표현한, 김소월의 시 〈초혼〉이 떠오르네.

산산이 부서진 이름이여!
허공 중에 헤어진 이름이여!
불러도 주인 없는 이름이여!

130

부르다가 내가 죽을 이름이여!

심중에 남아 있는 말 한 마디는
끝끝내 마저 하지 못하였구나.
사랑하던 그 사람이여!
사랑하던 그 사람이여!

붉은 해는 서산 마루에 걸리었다.
사슴의 무리도 슬피 운다.
떨어져 나가 앉은 산 위에서
나는 그대의 이름을 부르노라.

설움에 겹도록 부르노라.
설움에 겹도록 부르노라.
부르는 소리는 비껴가지만
하늘과 땅 사이가 너무 넓구나.

선 채로 이 자리에 돌이 되어도
부르다가 내가 죽을 이름이여!
사랑하던 그 사람이여!

사랑하던 그 사람이여!

캐순 그런데 이생은 왜 제일 먼저 최랑과 함께 살던 집에 가지 않은 거지?

뭉술 빈집이니까. 최랑이 붙잡혀 죽었다는 걸 알았겠지.

밤 9시가 다 되었을 무렵이었다. 달빛이 희미하게 산을 넘어왔다. 집 들보에 빛이 비쳐오는데 행랑에서 소리가 들려왔다. 터벅터벅 발자국 소리였다. 멀리에서부터 점점 가까이 다가왔다. 발소리가 이생 바로 앞까지 왔다. 최랑이었다. 이생은 최랑이 이미 죽은 줄 분명히 알고 있었다. 하지만 최랑을 너무도 사랑한 나머지 이생에겐 아무런 의심도 생겨나지 않았다. 그는 얼른 최랑에게 물었다.

"어디로 피신하여 목숨을 보전하였소?"

뭉술 어, 최랑도 안 죽었잖아?

캐순 그럴까? 뭔가 미심쩍은 게 느껴지지 않니? 다음 문장, "하지만 최랑을 너무도 사랑한 나머지 이생에겐 아무런 의심도 생겨나지 않았다"를 눈여겨봐!

뭉술 무슨 소리야?

캐순   영화 〈사랑과 영혼〉이 떠오르지 않니?

범식   아, 〈사랑과 영혼〉! 데미 무어와 패트릭 스웨이지를 헐리우
       드 최고의 스타로 만들어주고, 우리의 미남 송승헌과 일본
       의 미녀 마츠시마 나나코 주연으로 리메이크된 영화지.

뭉술   무슨 내용인데?

캐순   오늘 집에 가서 그 영화를 봐 봐. 너무도 감동적이야. 지금
       은 최랑이 어떻게 된 것인지 알아보는 게 더 중요해.

최랑은 이생의 손을 잡고 한바탕 통곡을 했다. 이어서 그간의
일을 낱낱이 말했다.

 "저의 본바탕이 양가집이어서 어릴 적부터 가정의 교훈을 받
들었지요. 바느질과 수놓기를 배웠으며, 《시경》과 《서경》을 읽
었고, 어질고 올바르게 살아야 한다는 걸 배웠지요. 집 안에 있
으면서 아낙네의 법도만 닦았고요. 그러니 어찌 아낙네의 삶을
넘어 (사내와 함께하는 것을) 알고 있었겠습니까?

 그런데 당신이 살구꽃 무르익은 담장 안을 엿보았지요. 저는
푸른 바닷속 옥 같은 마음을 당신에게 드렸고요. 우리는 꽃 앞
에서 한 번 웃고 평생을 함께하기로 약속하고, 휘장 안에서 정분
을 맺었지요. 그 사랑은 백년을 너끈히 넘어갈 정도로 깊었지요.

 이런 말을 해야 하다니, 서러움과 부끄러움을 견딜 수 없네요.

함께 늙다가 함께 돌아가자고 말했었지요. 그때, 청춘의 때에 이내 몸이 난도질되어 시궁창에서 구르게 될 줄을 어찌 생각이나 했겠습니까?

결단코, 승냥이 같고 범 같은 짐승 놈이 이 몸을 겁탈하게 내 버려둘 수는 없는 일이었지요. 그래서 내 스스로 이 살점이 찢겨져 땅바닥에 흩어지는 쪽을 받아들였습니다. 이것은 하늘로부터 받은 인격의 자연스러움에 따랐기에 가능했던 일이지, 인간의 감성으로는 차마 견딜 수 없는 일이었지요[固天性之自然, 匪人情之可忍].

뭉술   최랑이 죽음으로 정조를 지켰구나.

범식   최랑이 죽음을 선택한 걸 단지 정조를 지키기 위해서라고 생각해선 안 된다는 게 여기에서 분명해졌다고 생각해. 인 간답지 않은 폭력에 대항하다, 단지 힘이 없어 죽임을 당했을 뿐이야. 죽음으로, 사람으로서의 품위를 지키고 싶었던 거지.

뭉술   범식이 네가 말한 것과 정조를 지키기 위해서라고 말하는 것은 다른가?

범식   정조를 지키기 위해서라는 말이 옛날엔 어떤 의미로 쓰였

는지는 모르겠지만, 요즘엔 남편에 대한 종속적인 의미로 여겨지니까 다르다고 해야겠지.

캐순 최랑이 겁탈을 안 당하려 한 것은 남편 때문이 아니라, 자기 자신의 존엄성을 지키기 위해서였다는 생각에 나도 한 표.

뭉술 좋아, 범식이의 말은 이해가 됐어. 그런데 최랑이 자신의 존엄함을 지키기 위해 죽음을 선택했다는 것은 어떻게 알 수 있지?

  나는 최랑이 한 말을 곰곰이 새겨보니까 느껴지는데!

"이것은 하늘로부터 받은 인격의 자연스러움에 따랐기 에 가능했던 일이지, 인간의 감성으로는 차마 견딜 수 없는 일이었지요."

범식 옛날에 정조를 지킨다는 의미도, 남편 때문에 그렇게 한 것 은 아니었다고 봐. 정조라는 게 남편을 위해서 지키는 거라 면, 남편이 없는 사람은 겁탈을 당하지 않으려다 죽임을 당 하거나 스스로 목숨을 끊는 경우, 정조를 지킨 게 아니라는 소리가 돼. 정조란 말을 그렇게 쓰진 않았잖아?

아, 서러워라! 외진 산골에서 당신과 이별한 뒤, 나는 짝 잃은 한 마리 외로운 새가 되었습니다. 집은 불타 없어지고, 어버이도 저 세상으로 가시고 말았지요. 이 내 넋은 서러워 이 세상을 떠나지 못하고 아직도 여기에 머물고 있지만, 이 넋이 의지할 곳이라곤 없습니다.

올바름의 무거움에 견주면, 목숨은 오히려 가벼운 거지요. 몸이 없어지긴 했지만, 올바름을 지켰으니 다행이라 할 것입니다. 하지만 조각조각 흩어져서, 차갑게 식어 재가 되어버린 이 마음을 그 누가 불쌍히 여겨주기나 하겠습니까. 잘리고 또 잘린 채, 썩어가고 있는 이 내 창자는 그 어떤 사람이 모아주기나 할까요? 뼈는 들판에 널려 있고, 간과 쓸개는 땅바닥에 팽개쳐져 있습니다.

뭉술   그나저나 최랑의 몸뚱이가 찢겨져 땅바닥에 흩어져 있다면, 이생 앞에 있는 최랑은 뭐야?

범식   뭐긴, 최랑의 영혼이지.

뭉술   그래서 영화 〈사랑과 영혼〉이 떠오른다고 했구나.

캐순   그래. 하지만 남자 주인공 샘(패트릭 스웨이즈)은 이생처럼 혼자 살자고 도망가는 인간은 아니야.

범식   맞아. 샘은 죽었으나, 연인 몰리(데미 무어)를 잊지 못해 찾아올 정도이지.

캐순   샘이 몰리에게 한 말을 나는 잊을 수가 없어.

　　　　"놀라운 일이야, 몰리. 마음속의 사랑은 영원히 간직할 수 있으니 말이야[It's amazing, Molly. The love inside, you take it with you]."

뭉술   이생에게 최랑도 그렇지만, 몰리에게 귀신이 찾아온 건데 무섭지 않았을까?

범식   귀신이 있는지는 모르겠지만, 있다면 사람이 귀신을 무서워해야 할 까닭이 뭐지?

뭉술   사람에게 해코지 하니까.

범식   모든 귀신이 그렇지는 않을 것 아냐? 사람이 사람에게 해코지하는 일도 얼마나 많은데~

    듣고 보니 그러네. 왜 귀신을 무서워하지?

범식   '알지 못하는 것'에 대한 두려움이 아닐까?

뭉술   이생은 최랑을 잘 아니까, 두렵지 않겠네.

캐순   잘 안다고 할 수 없지. 사람으로서의 최랑이야 잘 알지만, 귀신으로서의 최랑은 잘 안다고 할 수 없어.

범식   최랑도 이생을 대하는 게 남편이 아니라, 한 때 남편이었던 사람을 대하듯 하는 것 같아. 죽은 뒤여서 이미 인연이 다했다고 여겨서 그런지도 모르겠다.

뭉술   잘 알든 잘 모르든 별로 문제 될 게 없을 거 같아. 최랑의 시신을 수습해달라는 것 같은데, 아내가 와서 부탁하지 않더라도 그 정도는 해줘야 하는 거니까.

옛날의 즐거움을 하나하나 생각할수록, 그날 난자당했던 날의 원통함과 슬픔이 더욱 커집니다. 그러나 지금은 죽은 풀이 추연의 피리 소리에 깊은 골짜기에서 되살아나고, 천녀에게서 떠났던 혼*이 친정에 다시 온 것과 같습니다. 봉래산에서 맺은 언약은 아직 풀리지 않았고, 취굴**에서 세 생애동안 맺었던 인연이 아직도 향기를 발하고 있습니다. 멀리 떨어져 있어 소식이 끊어졌었는데, 이제 다시 만나게 되었군요. 지난날 맺은 맹세 저버리지 않을 것입니다. 그대도 잊지 않았다면, 끝까지 좋은 인연을 맺어 함께 살고 싶습니다. 그대는 나를 받아들여주시겠습니까?"

범식   세 번째 만남에서도 여전히 최랑은 적극적이야.

뭉술   단지 시체를 수습해 묻어달라는 게 아니라 같이 살자는 거잖아? 이생이 귀신하고 함께 살려고 할까?

캐순   사랑했고, 지금도 사랑하고 있다면 당연히 그래야 하는 게 아닌가? '나는 귀신이요'라고 딱지를 붙이지 않는 이상 귀신인 줄 알 수 없다면, 사람과 귀신에 무슨 차이가 있는지

*   당나라 때 진현우가 지은 '이혼기(離魂記)'에 나오는 인물이다. 왕주와 천녀는 서로 사랑했지만, 천녀의 아버지가 천녀를 다른 데로 시집을 보냈다. 그러자 천녀는 왕주와 함께 멀리 도망가서 자식까지 낳았다. 그런데 그때 그녀는 친정에 병든 채 누워 있었다. 육신은 친정에 있은 채, 혼만 빠져나가 왕주와 함께 산 것이다.

**   동쪽 바다 가운데 있는 것으로 여겨졌던 불로초가 있다는 10개 섬 중의 하나다.

나는 잘 모르겠어.

뭉술 귀신은 귀신이고, 사람은 사람이지!

 허깨비라고 할 수밖에 없지만 사람으로 보이는 사람과 나는, 꿈속에서 실제로(?) 깊은 사귐을 가질 수 있어. 그때 나에겐 하나도 거리낌이 없을 거야. 내가 싫어하는 사람이라면 꺼려지겠지만. 결국 내가 그 존재를 꺼리느냐 안 꺼리느냐에 좋고싫음이 달려있지, 귀신이냐 아니냐에 달려있지는 않은 것 같아.

캐순 나도 그렇게 생각해. 세월호 사건 때문에 자식을 잃은 어버이가, 그 자식이 귀신으로라도 돌아올 수 있다면 그걸 싫어할 사람이 얼마나 될까?

뭉술 그럴싸하기는 한데, 뭔가 찝찝해.

캐순 뭉술이 너에게 '귀신은 무서운 존재다'라는 선입견이 너무 깊게 박혀 있어서 그래.

범식 그런 걸 베이컨은 '우상'이라고 했지.

뭉술 우상? 나는 귀신을 섬기는 게 아닌데도?

범식 그런 게 아니라, 잘못된 믿음을 우상이라고 해. 베이컨은 네 가지 우상을 들었어. 첫째 사람이라는 종족이기에 어쩔 수 없이 갖게 되는 종족의 우상, 둘째 자기 경험에만 매여서 믿게 되는 동굴의 우상, 셋째 시장이나 광장에서 입씨름으로 이겼기에 그게 옳다고 믿는 시장의 우상, 넷째 위대한 권위에 의해 눌려서 갖게 되는 믿음인 극장의 우상을 말하지.

캐순 '귀신은 무섭다!'는 건, 그 네 가지 우상 중 어디에 해당할까?

범식 동굴의 우상에 극장의 우상이 조금 곁들여졌다고 해야 하지 않을까?

뭉술 나는 귀신을 본 적도 없는데, 어떻게 '자기 경험에만 매여서 믿게 되는 동굴의 우상'에 빠졌다고 할 수 있냐?

범식 영화나 책 혹은 사람들에게서 귀신에 대한 이야기를 들었을 것 아냐? 그게 경험인 거지.

 그런데 사람들은 왜 귀신을 무서워하지?

뭉술 그건 나중에 생각하고, 이생이 귀신과 함께 사는지나 보자.

이생은 기쁘고도 감격에 차 말했다.

"정말로 바라던 바이지요."

범식 놀랍게도, 이생이 귀신과 함께 살기로 했어. 최랑이 사람이었을 때도 그와 관계를 했다는 소문이 날까봐 두려워했고, 아버지가 최랑과 헤어지라는 말에 입 한 번 뻥끗하지 못했고, 적이 칼 들고 쫓아온다고 혼자 도망갔던 위인이었는데 말야. 어디서 그런 용기가 났지?

뭉술   전쟁 통에 사람이 바뀌었나 보지.

캐순   그렇게 큰일을 겪고 나면, 그때까지 품고 있던 가치관이 뒤
바뀌는 일이 자주 발생하지.

이생은 여태까지는 현실에 매어 있는 사람이었어. 그런 그
가 귀신과 함께 살기로 마음먹은 건, 현실을 뛰어넘는 가치
관을 갖게 되었다는 증표라고 봐.

캐순   이생에게 이제 현실은 상대적인 가치만 갖는 것이 되었다
는 소리인데…….

뭉술   어려운 소리는 이제 됐고, 빨리 귀신과 사람이 어떻게 살아
가는지나 보러 가자. 궁금해 죽겠다.

이 말을 시작으로 두 사람은 서로 정답게 자신의 심정을 이야기
했다. 이런저런 말을 하던 중에 이생이 적들이 집에 있던 재산을
다 약탈해 가서 아무것도 남은 게 없더라고 말했다. 그러자 최랑
이 말을 받았다.

"조금도 잃지 않았어요. 산골짜기에 묻혀 있어요."

"두 집 부모님의 유골은 어디에 있을까요?"

"아직도 버려져 있습니다."

마음에 있던 이야기를 다 풀어 낸 뒤, 잠자리를 같이했다. 그

즐거움이 지극했는데, 옛날이나 다름없었다.

  이튿날 최랑은 이생과 함께 재산이 묻혀 있는 곳에 갔다. 금, 은 몇 덩어리와 약간의 재물이 있었다. 또한 두 집 부모님의 시신을 찾아내 우선 수습했다. 그 뒤, 금과 재물을 팔아 부모님의 시신을 오관산 기슭에 따로 합장했다. 무덤 주위에는 묘비를 세우고 제물을 차려 그 예를 다했다.

뭉술 사람끼리 사는 거랑 하나도 다르지 않잖아?

캐순 반드시 달라야 할 까닭은 없다고 생각해. 다만 귀신, 아니 영혼이 어떻게 몸을 얻게 되었느냐는 문제라고 생각해.

범식 귀신 또는 영혼이 몸을 갖추고 있으면, 산 사람과 다를 게 없잖아?

 그래서 〈사랑과 영혼〉을 비롯해, 〈신과 함께〉, 〈매트릭스〉, 〈아바타〉 등 넓은 의미에서 영혼을 다룬 영화가, 신경을 써서 그 문제를 다 밝히지. 거기에 나온 영혼이 다른 몸을 얻게 될 때, 그것을 설득하기 위해 특별한 방식과 장치를 동원하는 게 그 때문이야.

 왜 김시습은 그런 과정을 두지 않고서, 영혼만 있는 존재인데도 최랑을 바로 사람과 똑같은 것으로 표현했지?

캐순 이생이 영을 볼 수 있는 감각을 얻게 된 것이 아닐까? 영화

〈식스 센스〉에서 여덟 살 먹은 콜 시어(Cole Sear: 할리 조엘 오스멘트 분)가 죽은 영혼들을 볼 수 있었던 것처럼.

범식 　캐슌이 말이 그럴싸하다는 생각이 든다. 김시습의《금오신화》에 들어 있는 또 다른 작품 〈만복사저포기〉에도 귀신이 나오거든. 사람들은 귀신이 자기 바로 앞에 있는데도 알아보지 못하지. 심지어는 그녀의 어버이도 그녀를 보지 못해. 그런데 단 한 사람 '양생'에게만은 온전한 사람처럼 존재해. 마치 이생에게 최랑이 그랬던 것처럼. 내가 그 작품의 한 부분을 읽어 볼게.

　양생은 처녀[*]의 손을 잡고 마을을 지나갔다. 울 밑에서는 개들이 짖어 대고, 사람들은 벌써 길에 나다니고 있었다. 오가는 사람들 가운데 양생을 아는 이가 있어서 물었다.

　"자네 이 이른 아침에 어디 가는 길인가?"

　그런데 그 사람은 양생이 어떤 여인과 같이 걸어가는 줄은 모르고 있었다. 그래서 양생은 천연덕스럽게 말을 받았다.

　"마침 술에 취해 만복사에 누웠다가 친구 집을 찾아가는 길일세."

[*] 왜구의 침입 때 학살을 당해 죽게 된 영혼의 존재 즉 귀신이다. 결혼도 못하고 만복사 절에서 살던 양생이 부처님께 여인을 보내달라고 한 뒤, 이 여인이 절에 왔다. 여인과 양생은 정을 통한 뒤, 함께 여인의 집 즉 임시 무덤으로 가고 있다.

뭉술   그럼 이생이 다른 세계로 들어온 거네.

캐순   좋은 생각이다. 하지만 다른 세계로 들어왔다기보다는, 이
       생에게 다른 세계가 열렸다고 보는 게 더 낫지 않을까? 이
       세상에 있으면서도, 다른 세계까지 그의 감각 속으로 들어
       온 것이니까.

뭉술   이생은 어떻게 그런 감각을 획득할 수 있었지?

범식   이생이 그 동안의 삶을 꿈 같다고 느낀 뒤 최랑의 발자국
       소리가 들렸고, 그녀의 얼굴이 보였고, 마침내는 그녀를 살
       아있는 사람과 똑같은 존재로 여길 수 있게 되었어. 인식의
       대전환이 이루어진 뒤, 그에게 생겨난 현상이지.

뭉술   인식의 대전환이라니?

   "모든 것이 한바탕 꿈 같았다."는 생각 말이야. 그에게 새로
       운 세계가 열린 것을 그렇게 표현했다고 생각해. 지금껏 있
       는지조차 몰랐던 문을 발견하고, 그 문을 통해 바라본 세상
       은 이전과는 다른 세상이라는 거지.

캐순   그러면 지금까지 그가 보아왔던 세상은 가짜라는 거야?

범식   그건 아니야. 지금까지의 세상은 그것대로 인정하는데도,
       그에게 다른 세상이 열렸다는 뜻이었어.

뭉술   범식이 너는 이생이 지금까지의 세상을 그것대로 인정한
       다는 것을 어떻게 아는데?

범식 "두 집 부모님의 시신을 찾아내 우선 수습했다. 그 뒤, 금과 재물을 팔아 부모님의 시신을 오관산 기슭에 따로 합장했다. 무덤 주위에는 묘비를 세우고 제물을 차려 그 예를 다 했다."라고 했잖아~

캐순 그러면 이생이 인식의 대전환을 하기 전에는 베이컨의 말에 따른다면 '동굴의 우상'에 빠져 있었다고 할 수 있는 건가?

범식 어려운 질문이다. 야옹샘! 샘이 나서야 할 때인데요.

베이컨이 말한 '동굴의 우상'은 사실은 플라톤이 《국가》에서 말한 '동굴 속 죄수'의 인식 상태를 뜻해요. 어떤 사람이 날 때부터 동굴 속에서 앞쪽만 보게끔 목과 발이 쇠사슬로 고정되어 있는데, 앞쪽엔 벽만 있을 뿐 사물이라고 할 수 있는 건 아무 것도 없고, 등 뒤쪽에 나무나 새 등 온갖 것들이 놓여 있되, 동굴 밖에서 빛이 들어오는 상태에 놓인 사람이 있다면, 그가 보는 게 무엇이냐는 거지요.

뭉술 앞쪽에 아무 것도 없다고 했으니까, 아무 것도 못 보겠죠.

범식 벽에 비친 그림자를 보겠지.

캐순 맞다. 그럼 이 죄수는 쇠사슬을 풀지 못하면 죽을 때까지 그림자만 보다 죽겠네?

뭉술 와, 끔찍한 벌이다.

범식 맞아. 베이컨이 말한 동굴의 우상이 자기 경험만을 전부로 여기는 태도이니까, 그런 사람은 바로 '동굴 속 죄수'인 셈이네. 진짜를 본 적이 없어서, 그림자를 진짜라고 착각하고 살아가는 사람인 거지.

캐순 이생은 동굴의 우상에 빠진 사람이라고 할 수 없겠는데? 그가 인식의 대전환을 하기 전에 봤던 세상을, 그가 인식의 전환을 한 뒤에도 그것을 가짜라고 여긴 것은 아니었다고 우리가 동의했잖아?

뭉술 그랬지. 그러면 이생과 같은 사람은 어떤 사람이라고 할 수 있을까?

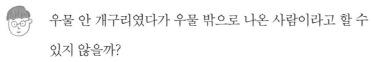

우물 안 개구리였다가 우물 밖으로 나온 사람이라고 할 수 있지 않을까?

뭉술 와~ 역시 범식이 대단하다.

범식이 말이 그럴싸하기는 한데, 우물 속 세상이나 우물 밖 세상이나 서로가 다른 세상은 아니잖아? 단지 더 넓어진 세상이라고는 할 수 있겠지만.

뭉술 어~ 캐순이 말도 그럴싸한데! 이거 어느 게 더 나은 말이지?

범식 캐순이 말이 더 그럴싸하다는 생각이 든다. 우물 안과 밖의 세상은 본질적으로 차원이 같은 세상이니까.

캐순 이생이 본 세계를 뭐라 해야 할까? 플라톤의 '동굴 속 죄

수', 베이컨의 '동굴의 우상', '우물 속 개구리'처럼 멋진 말을 만들 수 있지 않을까?

뭉술   김시습이 알려주는 세계이고, 이생이 그 전 세상을 꿈결 같았다고 여겼으니까, 김시습의 '꿈결의 우상'이라고 하면 되지 않을까?

캐순   꿈은 가짜고 꿈 깬 뒤는 진짜야. 그러면 '동굴 속 죄수'가 말하는 것과 같아지는데도?

 내겐 뭉술이 말이 그럴싸한데~ 꿈 깬 뒤가 진짜라는 보장은 어디에도 없잖아? 이생이 최랑과 연애 시를 주고받고, 가시버시가 되어 알콩달콩 산 세상을 꿈이라고 여긴다면, 인식의 대전환 이후에 그가 최랑의 영혼과 사는 세상도 또 다른 꿈의 세계라고 할 수 있어.

캐순   김시습의 세계는 우물 속에서 보는 세상과 동굴 속에서 보는 세상, 그 사이에 있다고 해야겠다.

야옹샘 여러분 모두 아주 빼어난 논의를 했어요. 마침내 불교 사상의 핵심에 도달했네요.

뭉술   그럼, 이만 하산하겠습니다. 스승님! ㅎㅎㅎ

야옹샘 조금만 더 머물러 계시지요~ 제자님! 앞에서 최랑이 이생에게 "지금은 죽은 풀이 추연의 피리 소리에 깊은 골짜기에서 되살아나고, 천녀에게서 떠났던 혼이 친정에 다시 온

것과 같습니다."라고 했던 말 생각나죠? 이 이야기를 가지고 한 스님이 제자들에게 다음처럼 물은 적이 있어요.

"천녀가 자신의 혼과 분리되었다는 이야기가 있는데, 어느 것이 진짜인가?"

왕주와 함께 있던 천녀의 혼이 진짜인가? 아니면 친정집에 앓아누워 있던 천녀의 몸이 진짜인가 물었던 거지요. 여러분은 어떻게 생각하세요? 고민스럽죠? 이것을 여러분 스스로 풀어 보세요. 풀면 하산해도 됩니다.

캐순   그러지 마시고, 한 자락을 보여주시지요, 스승님~~

야옹샘 한 마디 말을 하겠지만, 이것을 말로서가 아니라 몸으로 체험해야 깨달았다 할 수 있어요. 그냥 말의 씨를 뿌릴게요. 불교에 제행무상諸行無常이라는 말이 있어요. 그 어느 것도 절대적이지는 않다는 뜻이죠. 그러니 불교에선 가짜, 진짜란 말이 성립하질 않아요. 그냥 다채롭게 여러 층의 세상이 있을 뿐이라는 거죠. 꿈에서 깨어났다는 그 생각에서도 깨어나야 한다는 거예요.

캐순   그럼 이생이 꿈에서 또 깨어나야 한단 말인가요?

08

이생,
두문불출하고
사랑에 탐닉하다

그 뒤, 이생은 벼슬살이에 나가지 않았다. 그는 최랑과 함께 집에 머물러 있었다. 전란을 피해 여기저기 흩어졌다가 살아남은 하인들이 돌아와서 살림을 도왔다. 이생은 이때부터 세속적인 일에는 관심을 두지 않았다. 친척과 벗에게 축하하거나 조문해야 할 일이 생겨도 집 안에만 있을 뿐 문밖으로 나서지 않았다. 이생은 집 안에 들어앉아 늘 최랑과 함께했다. 어떤 때는 함께 술을 마시고, 또 어떤 때는 시를 지어 서로 화답했다. 그들이 금실 좋게 지내는 사이 시간은 흘러 어느덧 몇 해나 지나갔다.

뭉술 이생이 정말로 딴 사람이 되었어. 그는 이제 벼슬살이에도 관심이 없어. 이생이 공부했던 목적이 높은 벼슬아치가 되는 거였을 텐데!

범식 이제서야 비로소 이생이 공부의 핵심에 들어간 거지. 사랑하는 사람과 함께 시를 지어 서로 화답하며 즐기는 모습, 이거야말로 공자님이 말한 공부하는 사람의 태도이거든.

캐순 그 말 정말이야?

어느덧 몇 해가 흘러...

범식 공자님과 그 제자들의 대화를 기록해 놓은 《논어》의 첫 구절이 이렇거든.

"공자가 말했다. 배우고 때에 맞춰 그것을 익히니 기쁘지 아니한가! 자왈 학이시습지 불역열호[子曰, 學而時習之, 不亦 說乎?]"*

 공자님은 배움, 익힘, 기쁨 이 세 낱말에 공부의 핵심이 들어 있다고 본 거네. 아내와 남편이 한자리에 앉아 시를 지어 주고받는 것 속엔 틀림없이 배움, 익힘, 기쁨이 다 들어 있어. 그러니 이거야말로 공부하는 모습이라고 할 수 있겠다.

뭉술 과거에 합격해 관직에 나가는 것, 즉 취직자리 잡는 것은 공부의 본령이 아니라는 거지?

범식 그렇지. 공자님은 앞의 말을 하신 다음 곧바로 이렇게 말씀하셔.

---

* 기쁘지 아니한가?' 논어를 살아있게 하는 것은 '기쁨'이란 이 낱말 하나에 있다. 생명을 가진 존재의 가장 원초적이고 근원적인 감정이 기쁨이기 때문이다. 기쁨의 근거는 사람 수 만큼이나 많겠지만, 기쁨의 근원성이 의심될 수는 없다. 물어야 할 것은, 어디에서 오는 기쁨인가이다. 배워 익히는 데서 오는 기쁨을 공자는 제안한다. '기쁘다'라고 단언하지 않고, '기쁘지 아니한가'라며 슬며시 물은 까닭이리라. '배우고 때맞춰 익힌다'라고 했는데 무엇을 배워야 하는 걸까? 배움이 앎을 제쳐두는 것은 아니지만, 앎으로 제한되는 것도 아니다. 그랬다면 학이시지지學而知之라 했을 터이다. 공자가 말한 배움은 익힘과 엮여 있다. 익힘은 몸에 익히는 것이다. 풋 것에 햇빛이 더해지고, 날 것에 시간이 배어들고, 생짜에 문명의 불이 더해져 알맞은 상태에 이르는 것이다.

"먼 곳으로부터 벗이 오니 즐겁지 아니한가! 유붕자원방래 불역락호[有朋自遠方來, 不亦樂乎?]"[*]

아내이자 벗인 최랑이 이승과 저승 사이에서 왔잖아.

캐순   배움의 기쁨을 알아서 그런지, 이생은 이제 주변 사람들의 시선에 매어 있지 않는 삶을 살고 있어. "친척과 벗에게 축하하거나 조문해야 할 일이 생겼는데도 집 안에만 있을 뿐 문밖으로 나서지 않았"을 정도로.

범식   나는 이생이 옛날에는 지나치게 다른 사람을 의식하고 살았다면, 이제는 반대로 너무 의식하지 않고 산다고 생각해.

캐순   최랑을 혼자 외롭게 놔두고 집을 나갈 수는 없잖아?

범식   남편만큼은 아니겠지만, 집 안에 다른 사람이 없는 건 아니야.

캐순   집 안 사람들에게 최랑이 보일까?

뭉술   아, 다른 사람에겐 안 보이겠구나! 〈만복사저포기〉에서도

---

[*]   벗이 먼 곳에서 나를 찾아오면 즐거운가? 그렇다. 하지만 여기서의 벗은 요즘 말하는 벗이 아니다. 조직을 함께하는 동지를 가리킬 정도는 아니지만, 뜻[도道]을 같이 하는 사람이다. 왜 찾아왔을까? 하늘 아래 같은 뜻을 가진 사람이 있다는 게 기뻐서였으리라. 안면이 있어야 할 이유는 없다. 내가 품은 뜻을 저 먼 곳에 사는 사람도 같이 품고 있다는 게 기뻐 찾아갔을 따름이다. 나이도 문제 아니다. 새파란 젊은이였던 율곡 이이가 서른 살을 건너뛰어 퇴계 이황을 찾아간 게 이 경우이다. 제자가 스승을 찾아 배움을 청하는 것도 마찬가지다. 어떤 분에게 몸에 익힌 배움이 있다는 게 바람결에 들려왔는데, 그 배움이 내게 간절해져 찾아 나서는 게 스승이 아니던가? 개국공신인 조온의 5대손 조광조가, 유배를 살고 있던 김굉필을 찾아가 그를 스승으로 삼았던 것도 이 경우이리라.

다른 사람들에겐 안 보이고, 딱 한 사람에게만 보였어. 범식이 네가 그 부분을 읽었잖아?

범식 맞아. 내가 그 생각을 잠깐 놓치고 있었어. 우리가 읽고 있는 이 부분에서도 이생 집에 있는 사람들이 최랑의 존재를 알고 있다는 확실한 증거는 찾아지지 않는다.

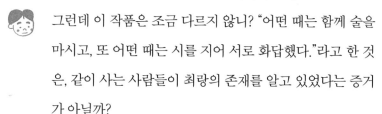 그런데 이 작품은 조금 다르지 않니? "어떤 때는 함께 술을 마시고, 또 어떤 때는 시를 지어 서로 화답했다."라고 한 것은, 같이 사는 사람들이 최랑의 존재를 알고 있었다는 증거가 아닐까?

범식 그 장면은 '3인칭 관찰자 시점'으로 제3자가 말하는 것일 뿐, 작품 속의 특정한 인물이 말하는 게 아니야. 그 말만으로는 집 안 사람들이 최랑의 존재를 알고 있었다는 증거로 삼을 수는 없다고 생각해. 〈만복사저포기〉에도 그것을 알려주는 또 다른 장면이 있거든.

약속한 시간이 되자, 과연 (죽었으나 저승으로 가지 않고 귀신으로 남아 있는) 한 처녀가 시녀를 따라 사뿐사뿐 걸어왔다. 양생이 전날 만났던 여인이 분명했다. 기쁨에 넘쳐 처녀와 양생은 서로 손을 잡고 보련사로 들어갔다. 처녀는 절에 들어서자 부처 앞에 인사를 하더니 바로 뒤에 있는 흰 장막 안으로 들어갔다. 처녀의 친척이나 절의 중들은 (처녀귀신을 볼 수 없었으므로) 모두 이 사실을 믿지 못했다. 오직 양생의 눈에만 처녀가 똑똑히 보였다. 처녀는 양생에게 청했다.

"저와 함께 진지를 잡수시지요."

양생이 이 말을 처녀의 부모에게 알렸다. 부모는 시험 삼아 그 애의 소원대로 해주라고 하였다.

 만약 다른 사람들이 최랑이 그 집에 와 있다는 사실을 몰랐다면, 이생 혼자서(?) 때론 술 마시고 때론 시를 지은다고 생각했겠지? 이때 사람들은 어떤 생각을 했을까?

범식   이생이 최랑이 와 있다는 사실을 밝히지 않았다면, 특별한 느낌이 없었겠지. 다른 사람들 눈에는 혼자서 술 마시고, 혼자서 시를 짓는 것으로 보였을 테니까. 다만 때로 혼자 웃고, 혼자 우는 게 조금은 과하다는 생각은 했겠지만.

뭉술   이생이 전쟁 통에 아내와 자기 부모 그리고 장인 장모님을 잃고 충격을 받아서, 가끔 미친다고 생각했을 수도 있겠다.

캐순   그래봤자 이생에겐 아무 상관도 없었을 거야. 다른 사람은 모르고, 이생만이 아는 진실이 있었으니까.

범식   이생만이 아는 진실이라~ 그거 혹시 김시습만이 아는 진실이 아니었을까? 그래서 그는 이런 작품을 남겼던 거고.

뭉술 이 작품이 실화라도 된다는 말이야? 김시습은 작가인데 무
     슨 뚱딴지같은 소리를 하니?

캐순 범식이의 말은 이 작품, 특히 이생의 삶에 김시습의 세계관
     과 인생관이 깊이 들어 있다는 거지?

범식 바로 그거야. 수양대군의 쿠데타(1453년, 이른바 계유정난)를
     보고서 과거시험을 작파하고 떠돌이로 살며, 새로운 진실
     에 눈을 떴던 김시습의 눈뜸은 이생의 눈뜸이기도 하다는
     거지.

뭉술 조금 더 자세히 말해줘.

     김시습은 삼각산 중흥사에서 과거 공부를 하다가 수양대
     군의 쿠데타 소리를 들었어. 이생과 비슷한 나이 열아홉 살
     때였지. 새파란 청년이 감당하기엔 너무도 충격적인 세상
     의 부조리였을 거야. 하지만 묵묵히 그 부조리를 견뎠어.
     단종이 왕위에 있기만 하면, 바로잡을 기회는 분명히 올 거
     라고 믿었던 거지. 그런데 그로부터 2년도 안 된 어느 날,
     더는 견딜 수 없는 일이 일어났어. 수양대군이 왕의 자리에
     올라가고, 단종은 상왕으로 뒷방 신세가 되어버린 거야. 이
     소식을 들은 김시습은 사흘 동안 방문을 걸고 바깥으로 나
     오지 않았다고 해. 이것이 김시습에게 어떤 충격이었는지
     는 심경호 교수가 쓴《김시습 평전》에 잘 나와 있어.

"이제까지 김시습은 당대 최고의 학자들을 스승으로 모시고 군자로서의 덕 함양과 도덕적 실천을 존중하는 유가사상을 익혔으며, 인의의 이상정치를 실현해야 한다는 정치철학을 철석같이 믿어 왔다. 그러나 세조의 왕위 찬탈은 가치체계를 완전히 뒤집어엎고 말았다. 아니, 올바른 이념이 현실 속에서 전혀 실현될 수 없다는 사실을 분명히 알게 되었다. 그는 현실 공간에 남아 있을 의지를 상실하였다. 통곡 끝에 그는 책을 불살랐다. 현기증을 느끼고 똥통에 빠졌다."[*]

뭉술   똥통에 빠졌다고?

캐순   미친 척하려고 일부러 똥통에 빠졌겠지?

범식   그렇게 여기는 사람도 있지만, 심경호 교수는 그 일은 김시습이 그때껏 간직하고 있던 가치관을 송두리째 뒤집는 것이어서 순간적으로 정신착란을 일으켰을 거라고 말해.

"김시습은 조정에서 벼슬 살았던 사람이 아니었으므로, 통념의 의리상 굳이 거짓으로 미친 짓을 할 필요가 없었다. 아마도 그

*   심경호 지음, 《김시습 평전》, 돌베개 2003, 126쪽.

는 가치가 뒤바뀐 사실을 알고는 순간적으로 미쳤던 듯하다. 그 뒤로는 갖가지 기이한 행동을 하며 미친 사람처럼 행동하였다."

 그때 김시습은 행위예술, 즉 퍼포먼스를 하고 있지 않았을 까? 쿠데타로 왕이 된 사람이 지배하는 시대에 산다는 건, '똥통 속에서 사는 것'이나 다름없다는 진실을 알리는 퍼포 먼스 말이야.

뭉술   김시습의 예술가적인 기질을 감안하면, 그러고도 남을 사 람이야.

범식   여하튼 그 뒤로 그는 유학자인지 스님인지 분간하기 어려 운 사람의 모습을 하고서 십년 동안 전국을 떠돌았어. 그런 다음, 금오산에 틀어박혀《금오신화》속의 작품 다섯 편을 썼지. 이생과 최랑 이야기는 그 중 두 번째 작품이고. 이런 방랑 끝에 나온《금오신화》이니, 그 작품들엔 김시습이 새 로 눈 뜬 사상이 들어 있지 않겠느냐는 거야.

뭉술   그럼 김시습은, 몸이 없이 영혼만이 존재할 수 있다고 믿었 다는 거야? 그게 김시습의 눈뜸이라는 거야?

캐순   저승이 존재하는가는 김시습에게도 관심사였고, 중요한

*   심경호 지음,《김시습 평전》, 돌베개 2003, 127쪽.

문제이기는 했을 거야. 야옹샘! 저승에 대한 유학자들의
태도는 어땠나요?

유학은 원칙적으로는 저승의 존재를 부정해요. 하지만 당
시 유학자들이 그런 태도를 확고하게 유지했다고 말하기
는 어려워요. 김시습이 태어나기(1435년) 40년 전만해도 고
려였고, 고려는 불교가 중심에 있었던 나라이죠. 조선을 개
창한 정도전이 《불씨잡변》에서 지옥과 저승을 정색하며 논
박해야 할 정도로, 조선 초기 지식인들에겐 저승의 존재 여
부가 모호한 상태였어요. 유학을 아주 좋아했던 세종대왕
역시, 저승의 존재 여부에 대해 어느 쪽도 확신하지 않았던
것 같아요. 사실 이런 태도는 공자까지 올라가요. 《논어》에
서 제자인 자로가 공자에게 죽음에 대해 묻자 공자님이 다
음처럼 말했거든요.

"감히 죽음의 문제에 대해 묻습니다.[敢問死.]"
"삶에 대해서도 모르는데, 어떻게 죽음에 대해서 알 수 있겠느냐
[未知生, 焉知死?].” 《논어》 11편 11장)

범식   와, 유학이 엄청 합리적이고 세련된 학문이었네요. 현대에나
나오는 불가지론不可知論의 태도를 그 옛날에 말했다니 놀랍

네요.

뭉술 불가지론이 뭐야?

범식 신의 존재 여부, 천당과 지옥의 존재 여부를 알 수 없다는
거야. 그런 문제에 대해 학문적인 엄격성을 유지하는 입장
이 불가지론이야.

캐순 김시습은 불교를 받아들여 스님으로 살았는데 지옥의 존
재를 안 믿었겠어?

범식 불교가 지옥에 대해 어떻게 생각하는가를 간단히 말할 수
는 없어. 또한 김시습이 불교 사상을 가진 사람이었는가에
대해서도 모호해. 율곡 이이가 왕명을 받들어 〈김시습전〉
을 썼는데, 거기에서 김시습은 "마음은 유학에 있으면서,
발자취는 부처님에게 두었다"라고 했거든. 김시습이 죽은
지 100년도 안 돼 나온 글에서 그랬으니, 김시습을 스님이
었다고 딱 부러지게 말할 수는 없을 것 같아.

야옹샘 요즘 학계에서도 김시습을 스님으로 볼 것인가, 아니면 유
학자로 볼 것인가를 두고 여러 말이 있어요. 그만큼 김시습
의 세계가 넓었어요. 사실 김시습은 유학과 불교 정도로 묶
이지 않아요. 그는 도교에도 아주 깊은 이해를 가졌어요.

범식 최치원도 유, 불, 선에 두루 밝았잖아요.

맞아요. 김시습은 스스로 최치원을 이었다고 여겼어요. 그

의 시 〈흥에 겨워 쓴 시, 감흥시感興詩〉에서 그 점을 분명히
밝혔죠.

삼한 때부터 우리나라
풍류와 습속 중국과 달랐지.
설총과 최치원, 이를 이은 사람들
이 나라 문학의 길 열었네. (《매월당집》)

뭉술   우리나라 문학에 대한 자부심이 대단했구나.

캐순   그런데, 아까부터 계속 풀리지 않는 물음이 있어. 저승의
       존재, 그리고 몸은 없이 영혼만 있는 존재를 인정하는 게,
       사상에 있어서 뭐가 그리 중요하지? 그렇게 여기지 않았다
       면, 굳이 귀신과의 사랑 이야기를 짓진 않았을 거 아냐.

       저승이 없으면 인과응보因果應報(전생에서 지은 선악에 따라 현
       재의 행과 불행이 있고, 현세에서 지은 선악의 결과에 따라 내세에서
       행과 불행이 있는 일)를 보장할 수 없어서 그러지 않았을까?

범식   세조가 불교경전을 그렇게 열심히 발행하고 불교 사업에
       도 힘을 기울였던 것도, 혹시 죽은 다음에 가게 될 지옥이
       두려워서 그랬던 걸까? 쿠데타를 일으키고 사람을 무참히
       죽인 자신의 죄를 닦으려고 말이야.

캐순   김시습이 이 작품을 지어 저승을 기정사실화한 것은, 세조
      와 그처럼 나쁜 짓을 하며 사는 이들에게 겁을 주기 위해서
      라는 거니?

범식   그렇게 직접적으로 말할 수는 없겠지. 그런 효과를 간접적
      으로 노력했다고나 할까.

 충분히 그럴 수 있을 거예요. 김시습은 〈남염부주지(염라국
      에 다녀온 이야기)〉도 지었으니까요. 조금 어려운 소리를 할
      게요. 충분히 이해가 되지 않더라도 그냥 들어 두세요. 생
      각을 깊게 하기 위해선 그 자리에서 바로 이해가 되는 것만
      을 들으려고 해서는 안 돼요. 이해가 잘 안 되지만 마음속
      에 담아두면, 나중에 그것에 대해 명료하게 바라볼 때가 생
      기거든요. 그렇다고 해서 그때, 지금 제가 여러분에게 하는
      말 그대로 여러분이 받아들이게 되거나 그래야 된다는 말
      은 아니에요.

뭉술   샘이 늘 말씀하시는 이해되는 것만 읽고, 이해되는 것만 들
      어서는 안 된다는 거죠? 그 말씀을 많이 들어 이제 충분히
      뜸이 들었으니까 말씀하시죠, 야옹샘!

야옹샘 그러면 시작할게요. 물리적인 의미에서 지옥과 극락이 존
      재하는지는 아무도 알 수 없다는 게 지(학문)적인 정직성일
      거예요. 하지만 지옥과 극락이 있어야만 한다고 말할 수는

있어요. 그래야 뭉술이가 말한 것처럼 인과응보를 보장할 수 있고, '정의는 반드시 승리한다'는 말을 쓸 수가 있기 때문이죠. 이 세상에서 실현되지 않은 정의는, 저 세상에서는 반드시 실현된다는 믿음이 있어야 하니까요. 이것이 가능하려면 그 전체를 총괄하는 '신'이 반드시 있어야 할 거예요. 그래서 서양 최고 철학자 중 한 사람인 칸트는 신이 있을 수밖에 없다고 하여 '요청으로서의 신'이라고 했죠.

범식 '요청으로서의 신'이라! '사람이 신을 필요로 하니까, 신은 있어야만 한다'는 생각, 그거 재미있네요.

야옹샘 그 점 윤리학에서 아주 중요한 거니까, 나중에 칸트를 공부해서 깊게 알기를 바랍니다. 다시 김시습의 사상에 대해 말하죠. 김시습이, 지옥은 물리적으로 존재한다고 여겼는지는 판단하기가 쉽지 않아요. 그는 〈남염부주지〉에서 지옥 비슷한 곳의 존재와 그곳에 다녀온 박생이라는 사람을 등장시켜요. 하지만 그곳을 관장하는 염라대왕이 '영원한' 염라국은 부정하죠. 다만 특정한 시간 동안 머물며 죄를 씻어야 할 곳으로서 염라국이 있다고 말하기는 해요. 자기가 다스리고 있는 곳이 바로 그곳이죠. 하지만 그곳도 일시적인 곳이에요. 박생이 다음처럼 물은 것에 응답한 게 그 증거예요.

"인생이 윤회하여 이승에서 죽으면 저승에서 다시 태어난다는
것은 무슨 말인지 묻겠습니다."

"영혼이 미처 사라지기 전에는 흔히 윤회하는 듯이 생각할 수 있
으나, 시일이 오래되면 마침내 흩어지고 사라져 버릴 뿐이다."

범식   염라국은 일테면 연옥煉獄 같은 곳인가요?

야옹샘   죄를 씻어내야 한다는 점에선 연옥과 비슷하다 할 수 있죠.

       재미있는 건 염라대왕도 그곳에 머무는 시간이 정해져 있

다는 거예요. 그보다 더 재미있고 의미심장한 것도 있어요. 염라대왕이 떠날 때가 되었다며 그 후임을 결정하는데, 박생을 후임으로 결정해요. 이승에서 살 때 염라국 같은 곳에 휘둘리지 않고 올바르게 살았기에, 염라국에 오는 사람을 잘 가르칠 수 있다는 말과 함께요. 아주 역설적이죠? 이 작품 〈남염부주지〉는 김시습의 역설적인 사유가 번뜩이는 꽤 매력적인 작품이니까, 꼭 읽어 보세요. 각설하고, 김시습은 이 세상을 제대로 살지 않은 사람은 죽음 이후에 자신을 씻는 행위가 필요하다고 여겼다는 거예요.

캐순   이생은 죽어서가 아니라, 살아서 자신을 깨끗이 한 거잖
아? 주체적으로 살지 못한 것도 제대로 산 것은 아니니까.

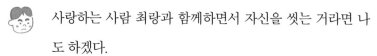 사랑하는 사람 최랑과 함께하면서 자신을 씻는 거라면 나
도 하겠다.

범식   귀신과 함께 살겠다는 결심은 쉬운 게 아니야. 크나큰 선입
견에서 벗어났을 때나 가능하지. 그런 점에서 이생은 저승
이 아닌 이생에서 자신을 깨끗이 했다고 할 수 있겠다.

야옹샘   오대혁 교수도 다음과 같이 비슷한 말을 했어요.

　　"결국 〈이생규장전〉은 사랑과 이별, 그리고 전쟁이 가져
다주는 이산과 살육 등의 현실계 속에서 진정한 깨달음을
얻어 나가는 이생의 삶을 그리고 있는 소설이라 하지 않을
수 없다."[*]

*　　오대혁 지음,《금오신화와 한국소설의 기원》, 역락, 2007, 162쪽.

09

이승에서 저승까지 이어진
영원한 사랑

어느 날 저녁 최랑이 이생에게 말했다.

"우리가 세 번이나 좋은 시절을 만났지만, 어그러지기 쉬운 게 세상일이지요. 즐거움은 아직도 여전한데, 갑작스레 이별의 때가 닥쳐왔네요."

그러고서 최랑은 목 놓아 울었다. 이생은 깜짝 놀라 물었다.

"이 무슨 날벼락이란 말이오."

"저승으로 가는 운명은 피할 길이 없습니다. 저와 낭군을 이어 주던 연분의 실이 그때는 끊어질 때가 아니었고, 또 우리의 만남을 막을 죄도 우리는 짓지 않았습니다. 그래서 하느님께서 잠시 저의 환영으로 하여금 그대와 함께 애간장 끊어지는 서러움을 풀도록 한 것입니다. 하지만 오랫동안 인간 세상에 머무르며 이 세상 사람을 속여서는 안 됩니다."

뭉술   아 정말, 또 헤어져야 하네. 최랑의 말마따나 벌써 세 번째 이별이야.

범식   나는 세 번의 헤어짐이 각각 표상하는 게 있다고 생각해.

첫 헤어짐은 아버지 때문이었지. 공부를 열심히 해 과거에 합격해야 하는데, 청춘의 때를 즐기고 있다는 것 때문이었어. 그때껏 키워준 어버이에게 매어있었던 거지.

뭉술   그때 이생은 찍소리도 못하고, 심지어는 사랑하는 사람에게 시골로 내려간다는 말 한 마디 못하고 쫓겨 갔지.

캐순   몸은 충분히 자랐지만, 정신은 몸만큼 자라지 못해 아직도 부모님께 매어있던 때의 일이야.

범식   두 번째 헤어짐은 고급 공무원 시험(과거)에 합격해 비까번쩍한 직장도 잡고, 사랑하는 사람과 잘 살고 있다고 여겨질 때에 닥쳤어. 그때 고급 공무원 따윈 땅바닥에 뒹구는 가랑잎만큼이나 볼품없다는 것을 알려주는 사건이 터졌지.

뭉술   압도적으로 밀려오는 적군 앞에서, 이쪽의 고급 공무원 증명서가 무슨 소용이 있겠어.

첫 번째가 개인과 가족 사이에서 발생한 문제였다면, 두 번째는 나라와 나라, 집단과 집단 사이에서 발생했지. 이런 때, 개인과 가족의 힘 정도로는 아무 것도 할 수 없다는 게 밝혀졌고.

개인의 힘이 그렇게 미약한가?

캐순   늘 그런 건 아니지. 눈 번히 뜨고 당할 수밖에 없는 때가 있는 것도 사실이지만. 그럴 땐 마치 도도히 흘러가는 강물에 몸을 담그고 있는 형국처럼 느껴지지.

범식 '사람이란 도대체 뭔가'를 묻지 않을 수 없는 때가 바로 그 시점이겠지?

뭉술 이생은 그때껏 산 게 다 꿈을 꾸었던 것 같다고 말했지.

캐순 그 스스로 산 게 아니었으니까. 부모님의 바람, 사회의 평판, 뭐 그런 게 그를 이끌었잖아?

범식 이생은 틀림없이 자신의 삶을 그렇게 되짚었을 거야. 최랑의 환영이 왔을 때, 사회적인 체면치레 같은 건 다 팽개치고 오직 아내인 그녀와의 사귐에만 충실했으니까.

캐순 사귐? 그 말이 정곡을 찔렀다는 생각이다. 그 자리에서부터 '건강한 개인'이 시작될 거라고 나는 생각해.

그럼 아내가 없는 사내, 남편이 없는 여인은 건강한 개인이 못 된다는 거니?

캐순 그게 아니라, 자기를 세운 사람들의 만남을 말하는 거지. 그게 꼭 사람과의 만남일 필요는 없어. 요즘 '소소하지만 확실한 행복'을 추구한다는 '소확행'도 그 한 형태겠지.

범식 나도 동의해. 우리 사회에 건강한 생명력을 가져오는 일이라고 생각해. 하지만 그게 시작이라는 점도 강조될 필요가 있어. 사회로 확장되고 승화되어야 하는 것도 놓쳐서는 안 되기 때문이지.

뭉술   그런데 이생에게는 그럴 시간이 주어지지 않았어. 또 한번
       찾아든 행복의 파랑새였지만, 그 새는 금세 날아가야 했으
       니까.

캐순   파랑새가 떠나면서 이별 노래를 부르지 않고 떠날 리가 없
       지. 그걸 들어 보자.

그런 다음 최랑은 시중드는 아이에게 술상을 차려오게 했다. 술
상이 들어오자, 최랑은 옥루춘玉樓春이라는 노래를 부르며 이생
에게 술잔을 권했다. 그 노래 가사는 이랬다.

칼과 창이 번쩍번쩍 눈 가득 빗발치니
구슬 깨지고 꽃잎 떨어지고 새는 짝을 잃네.
여기저기 흩어진 뼛조각 누가 묻어줄까
피투성이로 떠도는 넋 하소연할 곳도 없네.

무산의 선녀 되어 고당에 내려와
다시 만났는가, 서럽나니 또 쪼개질 숙명
이제 갈라지면 갈린 길 서로 아득하여
저승과 이승 사이 영영 영영이라네.

최랑의 입에서 노래가 한 마디 한 마디 떨어질 때마다 울음이
흘러내려 가락이 이루어지지 못했다.

뭉술   영혼으로만 존재하는 최랑이 한낱 시중드는 아이에게도
        보이네?

캐순   그러게~. 앞에서 했던 우리의 논의에 따른다면 이 아이도
        다른 세계에 눈을 떴다고 해야 할 것 같은데, 어떻게 눈을
        뜰 수 있었지?

범식   시중드는 아이라고 새로운 것에 눈을 뜨지 말란 법은 없지
        만, 그런 경우라면 이 아이의 삶을 다뤘을 거야.

캐순   이 아이는 순전히 엑스트라가 아닐까?

뭉술   그 아이도 최랑과 함께 죽은 사람, 즉 영혼으로만 있는 사
        람이라면 그럴 수도 있지. 단지 시중을 들 사람이 필요해서
        등장시킨 인물일 뿐 특별한 의미는 띠지 않는 사람 말이야.

 뭉술이 말이 맞을 수도 있겠다. 다음과 같이 〈만복사저포
        기〉에서도 죽은 영혼에게 시중을 드는 '시녀 영혼'이 나오
        거든.

        "절에서 종소리가 울리고, 어둠에 빛이 비쳐들자 여인(양
        생이 배필을 얻어 가시버시로 살고 싶다는 바람을 들어주기 위해 온
        처녀귀신이다.)이 시중드는 아이에게 말했다. '얘야, 자리를

치우고 돌아가거라.' 아이가 그 말에 따라 술자리를 치우고 사라졌는데, 어디로 간 지 알 수 없었다."

캐순   정말 그러네. 신분이 높은 것을 알리기 위한 장치로 등장시
      킨 인물이란 생각이 드네.

범식   나도 동감! 이 아이에 대해선 심각하게 생각하지 않아도
      되는 엑스트라로 여기는 게 좋겠다.

뭉술   그나저나 최랑과 이생은 또 헤어지게 되었구나.

캐순   세 번의 이별이지.

범식   헤어짐 중에서 앞의 두 번은 헤어진다는 말 한 마디 나눌
      새 없이 찢어졌지만, 이번 헤어짐은 달라. 헤어짐의 격조가
      갖춰진 헤어짐이거든.

   이생이 그만큼 성숙한 거지.

캐순   이제 정말 죽음이 두 사람 사이를 덮쳤어.

범식   인간이 근원적으로 고독할 수밖에 없는 자리이지.

뭉술   압도적인 적군에게서는 그래도 벗어날 수 있지만 이 숙명
      에서는 벗어날 수 없다는 사실, 이 숙명 앞에서 우리 인간
      은 숙연해질 수밖에 없어.

캐순   "이제 갈라지면 갈린 길 서로 아득하여
      저승과 이승 사이 영영 영영이라네."
      참으로 삶의 슬픔이 뚝뚝 떨어지는 노래다.

뭉술   가슴 아프지만, 이생이 파랑새를 어떻게 보내는지를 봐야
       것 같아.

이생 또한 슬픔을 걷잡지 못했다. 그가 말했다.
  "임자와 함께 저승으로 가는 게 낫지, 어찌 외롭게 나 혼자 남
아서 남은 생을 살 수 있겠소? 지난 번 난리에 친척과 종들은 흩
어지고, 돌아가신 부모님의 뼈는 들판에 내버려져 있을 때, 임자
가 없었더라면 누가 그분들을 땅에 묻어줄 수 있었겠소?
  옛사람은 이렇게 말했지요.
  '어버이가 살아계실 땐 예禮에 맞게 섬기고, 돌아가시면 예禮에
맞게 장례를 치른다.'
  임자는 그 말대로 하였소. 임자의 천성이 순수하고 효성스러운
데다, 인정이 돈독하고 두터운 덕택에 그리하였던 것이오. 내 감격
해 마지않았지만, 내 자신 스스로 부끄러울 뿐이었소. 임자! 내 바
람이오. 이 세상에 남아 함께 백 년을 누리고, 함께 묻힙시다."
  최랑이 대답했다.
  "당신의 목숨은 아직도 한참 남아 있어요. 저는 이미 귀신 명
부에 제 이름이 실려 있는지라, 더 오래 머무를 수 없습니다. 만
약 제가 인간 세상을 그리워한 나머지 미련을 떨치지 못한다면,
저승의 법도를 어기는 일이지요. 그러면 그 죄가 제 한 몸에 그

치지 않고, 당신에게까지 그 허물이 미치게 됩니다.

제 뼈들이 모처에 흩어져 있습니다. 은혜를 베푸시겠거든, 그것을 거두어 비바람을 맞지 않게 해주십시오."

두 사람은 마주보고서 눈물을 줄줄 흘렸다. 최랑이 말했다.

"당신, 부디 몸 성히 잘 지내시오."

말이 끝나자, 최랑의 몸이 차츰차츰 사라졌다. 마침내 흔적조차 없게 되었다.

이생은 흩어져 있던 최랑의 뼈를 거두어 최랑의 부모 무덤 곁에 묻었다. 장례를 마치자, 이생은 최랑을 사무치게 그리워하다 병을 얻게 되었다. 몇 달 지나지 않아 그도 마쳤다.

뭉술　《로미오와 줄리엣》의 비극적인 사랑을 보는 듯하다.

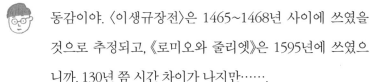

　　　동감이야. 〈이생규장전〉은 1465~1468년 사이에 쓰였을 것으로 추정되고,《로미오와 줄리엣》은 1595년에 쓰였으니까, 130년 쯤 시간 차이가 나지만…….

캐순　하지만 나는《로미오와 줄리엣》보다〈이생규장전〉이 더 스케일도 크고, 깊이도 있다고 생각해.

범식　깊이와 스케일은 그렇지만, 인물을 입체적으로 형상화하는 면에 있어선《로미오와 줄리엣》이 더 뛰어나다고 해야겠지.

1465~1468년 김시습 지음   1595년 셰익스피어 지음

캐순   그런데《로미오와 줄리엣》이 비극적이라는 것엔 동의를 하
      겠는데, 〈이생규장전〉이 비극적인가는 조금 더 생각해 봐
      야 할 것 같아.

뭉술   최랑과 이생 둘 다 죽었는데, 비극적이지 않단 말이야?

      최랑이 이생 곁을 떠나는 장면은 확실히 비극적인데, 이생
      이 이 세상을 하직하는 장면에선 그런 생각이 안 들거든.
      오히려 완성되었다는 안도감 비슷한 느낌이 들어서 그래.

범식   "그도 마쳤다"는 말과 캐순이의 말이 묘하게 겹친다는 생
      각이 들기는 한다. "마쳤다"는 말에서 '이루어 냈다'는 분위
      기가 느껴지니까.

뭉술   저승에 가서 두 사람이 만나 사랑을 이루기라도 한단 말이야?

캐순 못할 게 없지. 윤회를 통해 다시 이 세상에 태어나 못다 이
룬 사랑을 이룰 수도 있고.

범식 남아 있는 목숨을 버려두고 사랑하는 연인을 찾아가는 이
생, 멋지다. 낭만적인데?

뭉술 윤회도 없고 저승도 없으면 어떻게 하지?

범식 그것의 존재 여부는 누구도 학문적인 수준에선 말을 할 수
없다고 생각해. 순전히 믿음의 영역인 거지. 당시 사람들에
게 저승과 윤회는 막연하나마 널리 퍼진 생각이었어. 게다
가 죽음이 그렇게 나쁜 것인가에 대해서도 확실하게는 말
할 수 없다고 생각해. 죽음이 뭔지를 아는 사람이 없잖아?

캐순 소크라테스도 죽음이 나쁜 일인가를 확신할 수 없다는 것
을 강력하게 주장했지. 그렇지만 물리적인 의미에서의 죽
음은, 남아 있는 사람들에겐 슬픈 일이란 것은 확실해.

그렇다고 해야겠지요. 하지만 죽음에 대한 철학적이고 문
학적인 의미는 다를 수 있다고 봐요. 죽음은 자연으로 돌아
가는 것이자, 근원 세계에 합일하는 것으로 볼 수도 있거든
요. '이 작품에서의 죽음의 의미는 무엇인가?'란 물음으로,
많은 이야기를 할 수 있을 거예요. 그러기 위해선 이 작품
은 물론이고,《금오신화》에 있는 다른 작품들이 죽음을 어
떻게 받아들이는가를 살펴보고, 또 김시습은 죽음을 어떻

게 여기는가에 대해서도 따져 봐야겠지요. 그런데 학자들 중에도 최랑과 이생의 죽음을 절망적이고 비극적으로 보는 분도 있고, 그렇지 않은 분도 있어요. 전자로 보는 것은 일반적이니까 놔두고, 후자로 보는 분의 견해를 소개해 드릴게요.

"이생의 죽음은 단순한 죽음이 아니다. 온갖 연기(옮긴이 주: 인연으로 만들어진)의 삶 속을 헤매던 자가 집착을 놓아버린 깨달음의 상태, 그것을 죽음이라는 상징으로 표현한 것이라 보아야 온당할 것이다.*

"절망의 서사를 희망 혹은 희망을 추동하는 서사로 읽어 낼 수 있습니다. 그 근거는 〈이생규장전〉의 구조가 결합(환상)과 분리(현실)가 아니라, 결합(환상)과 분리(현실)의 '반복'이라는 데 있습니다. …… 서사구조가 갖고 있는 반복의 운동성이 비극적 현실 이후의 서사가 현실의 비극을 환상적으로 극복할 수 있도록 추동하는 장치로 기능할 수 있기 때문입니다.**

---

* 오대혁 지음, 《금오신화와 한국소설의 기원》, 역락, 2007, 155~156쪽.

** 김수연 지음, 《유遊의 미학, 금오신화》, 소명출판, 2015, 156~157쪽.

캐순　죽음을 '온갖 집착을 놓아버린 깨달음의 상태'로 볼 수 있다는 건데, "마쳤다"는 말이 그 단서를 알려준다고도 할 수 있겠네.

그런데 "그(이생)도 마쳤다"라고 했어. 마친 주체가 이생만이 아니라는 거지. 최랑이 이생보다 먼저 마쳤다는 거야.

뭉술　당연하지. 최랑이 이생을 인도했잖아?

캐순　그 소리는 최랑도 이 세상에서 '마쳐야 할 뭔가가 있었다'는 거잖아? 그게 뭘까?

범식　구체적인 임무가 있었던 건 아닐 거야. 우리나라 사람들은 천상세계에서 뭔가를 잘못하여 그 잘못을 씻으러 이 세상에 왔다고 생각했지. 사람은 모두 이 세상에서 해야 할 숙제가 있다는 게 일반적인 생각이었어.

최랑의 숙제는 이생을 주체적인 존재로 변화시키는 것이지 않았을까?

캐순　그것은 알 수 없지만, 최랑이 이생을 성장시킨 것은 틀림없어. 그의 스승이었던 셈이지.

범식　그럴싸한 생각이다. 파우스트에게 그레트헨이 있었고, 단테에게 베아트리체가 있었던 것처럼, 이생에게는 최랑이 있었다고 해야겠다! 우연이겠지만, 단테가 베아트리체를 우연히 길에서 만난 게 열여덟이었어. 이생이 최랑을 만났을 때의 나이이지.

"단테는 열여덟 살에 길에서 만난 베아트리체의 인사로 인해 평생 잊을 수 없는 내적 경험을 한다. 그때 단테는 그녀에게서 여성의 이상, 천사 같은 여성이라는 인상을 받는다. …… 베아트리체는 스물네 살 나이에 죽음을 맞는다. 이후, 베아트리체는 단테의 가슴속에 살아남는다. 이 세상에서는 떠났지만, 베아트리체는 천국에 있고, 단테는 그곳에서 재회할 날을 기다리는 마음으로 평생 동안 사모의 정을 품는다."[*]

 단테는 그 유명한 《신곡》에서, 자신을 지옥·연옥을 거쳐 천국까지 경험하게 한 게 베아트리체였다고 말했지. 단테에게 베아트리체가 그랬던 것처럼, 최랑은 이생의 연인이자 스승이었어.

뭉술 그렇게 보면 〈이생규장전〉은 이생의 성장소설인 셈이네.

범식 서양인에게 베아트리체가 있었다면, 우리에겐 최랑이 있었어!

이 일을 들은 사람들 한 사람 한 사람 아픔이 느껴져 탄식했다.

[*] 이마미치 도모노부 지음, 이영미 옮김, 《단테 신곡 강의》, 안티쿠스, 2008, 121쪽

그러고선 모두가 그들의 올바름을 사모했다.

범식   이 세상에서 길게 누리지 못한 그들의 사랑이 아프게 느껴
        지지 않을 도리가 없겠지.

뭉술   전쟁 때문이야. 전쟁이 이들의 사랑을 갈라놓았어.

캐순   전쟁이 사람을 죽이는 한이 있더라도 자기 욕망을 채우려
        는 사람들의 무자비하고 채울 길 없는 욕망 때문이지.

    어쩌면 김시습이 이 작품을 통해 수양대군의 욕망을 비판
        하고 풍자한 게 아닐까? 김시습이 과거 공부를 하는 중에
        수양대군의 왕위 찬탈 소식을 듣고, 관료에의 길을 작파하
        고 방랑객으로 살기로 작정했잖아? 이생에 살면서도 이생
        의 삶이 아닌 거나 마찬가지라 할 수 있지. 수양대군의 일
        은 그만큼 김시습에게 삶을 완전히 다른 눈으로 보게 했어.

뭉술   수양대군이 결국 권력욕을 어쩌지 못해 어린 조카인 단종
        을 죽이고 자기가 왕이 되었으니까, 그럴 수도 있겠다. 수
        양대군의 쿠데타 때문에 단종과 신하들은 결국 삶과 죽음
        의 길에서 찢겨지게 되었잖아?

범식   왕방연의 시조가 그것을 잘 보여주지.

   천만리 머나먼 길에 고운 님 여의옵고

내 맘 둘 데 없어 냇가에 앉았네.

저 물도 내 맘 같아 울며 밤길 가는구나.

캐순 　김시습의 이 작품을 그렇게 해석할 수도 있지만, 수양대군의
　　　　일을 풍자하는 것으로만 한정하는 것은 문제라고 생각해.

범식 　물론이지. 가능한 해석 중 하나일 수 있겠다는 거지.

야옹샘 　이러저러한 해석을 해 보는 게 참으로 좋네요. 마지막으로
　　　　이 작품에 대한 느낌을 모두 각자 마음속으로 정리해 보도
　　　　록 해요.

뭉술 · 범식 · 캐순 　예~~

야옹샘 　나중에 여러분이 공부를 더 많이 해서, 오대혁이 지은 《금
　　　　오신화와 한국소설의 기원》과 김수연이 지은 《유遊의 미
　　　　학, 금오신화》를 읽었으면 해요. 《금오신화》가 지금 여러분
　　　　이 이해한 것보다 훨씬 깊이 있고 대단한 사상을 형상화한
　　　　작품이라는 걸 알 수 있을 거예요. 공부가 익거든, 꼭 두 책
　　　　을 옆에 놓고 다시 《금오신화》를 눈여겨 보길 바랍니다.

〈이생규장전〉 원문

1

송도에 이생이 살고 있었다. 낙타다리 옆에서 살았는데, 나이는 열여덟
이었다. 풍채 좋고 재주도 빼어났으며, 날마다 국학國學에 다녔다. 오가
는 길에서 늘 시를 읊었다. 선죽리善竹里에 대갓집 최씨 댁이 있었는데,
그 집에 나이가 열대여섯인 아가씨가 있었다. 그녀는 너무나도 아름답
고 숙성했는데, 바느질 솜씨도 놀라웠다. 게다가 시와 글도 빼어나게 잘
지었다. 사람들은 그들을 두고 말했다.

풍류 넘치는가, 이 도령
어여쁘구나, 최 낭자
재주와 얼굴도 먹는 것이라면
배고픔 싹 가시겠네.

이생은 책을 끼고 공부하러 국학으로 갈 때 늘 최씨 집을 지나가야 했

186

다. 그 집 뒤쪽 담장 밖에는 수양버들 수십 그루가 간들간들 버들잎을 늘
어뜨린 채 줄지어 있었다. 이생이 버드나무 아래에서 쉬다가 어느 날 담
안을 슬쩍 들여다보았다. 꽃은 활짝 피었고, 벌과 나비가 그 사이를 요란
스레 날고 있었다. 꽃떨기 사이로 조그마한 별당이 살짝 보였다. 주렴이
반쯤 걷혀 있고, 비단 휘장이 낮게 드리워져 있었다. 그 안에 아름다운
아가씨가 있었다.

   아가씨는 수놓기도 지겨운 듯 바늘을 놓더니, 턱을 괴고서 노래를 부
르기 시작했다.

   사창에 홀로 앉아 수놓기도 지쳤는데 獨倚紗窓刺繡遲
   우거진 꽃떨기에 꾀꼬리 소리 요란하구나. 百花叢裏囀黃鸝
   부질없는 봄바람이 원망스러워 無端暗結東風怨
   말없이 바늘 놓고 뜬생각에 잠기네. 不語停針有所思

   길 가는 저 도련님 뉘 집 도련님인가? 路上誰家白面郎
   청도포 늘인 띠만 버들 사이로 보이누나. 靑衿大帶映垂楊
   어찌해야 제비 되어 마당 위를 날 수 있을까? 何方可化堂中燕
   구슬 드리운 발 걷어차고 담장 넘어갈거나. 低掠珠簾斜度墻

   이생은 아가씨의 노래를 듣고서 싱숭생숭 설레는 마음을 좀체 억누를
수 없었지만, 그 집 담장은 높아서 몇 길이나 되었고, 솟을대문 문고리도
굳게 걸려 있었다. 그윽한 남의 집 뒷담을 함부로 넘어갈 수도 없는 형편

이라 섭섭한 마음을 억누르면서 그 자리를 떠났다.

2

그날 이생은 글공부를 마치고 돌아오는 길에 하얀 종이쪽지에 시 세 수
를 써서 조약돌에 매달아 담 안으로 던졌다.

무산 첩첩 봉우리에 안개 겹겹 巫山六六霧重回

높은 봉 끝자락에 푸른자줏빛이 서려있네. 半露尖峰紫翠堆

양왕의 외로운 꿈 안쓰러워 惱却襄王孤枕夢

구름 되고 비 되어서 양대에 내렸구나. 肯爲雲雨下陽臺

사마상여가 탁문군을 눈짓했을 때 相如欲挑卓文君

그녀 마음 이미 연정으로 꽉 차 있었네. 多少情懷已十分

발그레한 담장 위 복사꽃은 활짝 피었으니 紅粉墻頭桃李艶

어디선가 불어오는 바람 따라 하늘하늘 떨어지네. 隨風何處落繽紛

좋은 인연인가, 안 좋은 인연인가 好因緣耶惡因緣

속절없는 근심걱정에 하루가 일 년이네. 空把愁腸日抵年

시 한 수에 벌써 얽힌 게 마음과 마음인데 二十八字媒已就

언제나 남교에서 선녀 만나려나. 藍橋何日遇神仙

3

최랑이 시녀 향아를 시켜 종이를 가져오게 했다. 이생이 보낸 시였다. 소녀는 시를 거듭 읽었다. 마음속에 기쁨이 절로 피어났다. 최랑은 곧바로 쪽지에 몇 자 적었다.

"그대 의심치 말길. 어두워지면 만나리."

소녀는 쪽지를 이생에게 던졌다. 이생은 그 말대로 어둠을 타고 그곳으로 갔다. 복숭아나무 한 가지가 담장을 넘어 그림자를 드리우고 있었다. 다가가 보니 그넷줄이 내려와 있었고, 거기에 대나무 발판도 달려 있었다. 이생은 그것을 타고 담을 넘었다. 달이 동산에 솟아올랐다. 꽃 그림자가 마당에 드리웠고, 맑은 꽃향기는 애련히 풍겨 왔다. 이생은 "여기야말로 신선이 사는 세상이구나" 하고 여겼다. 한없이 즐거운 소년의 마음 한구석에 조마조마한 마음도 함께 일어났다. 남몰래 하는 사랑놀이인지라 머리카락이 온통 서는 듯했다.

눈을 돌려 주위를 살펴보니, 아가씨는 벌써 꽃떨기 속에 있었다. 그녀와 향아는 꽃을 꺾어 서로 머리에 꽂아주었다. 한쪽 구석에는 보드라운 자리가 깔려 있었다. 최랑이 이생을 보고 빙그레 웃었다. 소녀는 즉시 시 두 구절을 지어 노래했다.

복숭아 오얏 나뭇가지 사이에 꽃이 탐스럽다네! 桃李枝間花富貴
원앙금침 베갯머리에 달빛은 아름다워라. 鴛鴦枕上月嬋娟

이생은 화답노래를 읊조렸다.

언제든 이 봄소식 새 나가면 他時漏洩春消息

무정한 비바람에 가련해지리. 風雨無情亦可憐

최랑이 낯빛을 바꾸고선 말했다.

"나는 그대와 더불어 가시버시의 연을 맺어 길이 행복을 누리고자 마음먹었습니다. 그런데 그대가 갑자기 이처럼 당혹스런 말을 하실 줄 어찌 알았겠습니까. 저는 비록 여인네이지만 마음에 조금도 거리낌이 없는데, 어찌 대장부에 뜻을 둔 사람이 이런 말씀을 하실 수 있단 말입니까? 만약 언젠가 이 일이 새 나간다면, 부모님의 꾸지람은 저 홀로 감당하겠습니다."

그러고서는 향아에게 말했다.

"너는 방에 들어가 술상을 차려 오너라."

시키는 대로 향아는 자리에서 일어나 갔다. 사방이 적막하고 쓸쓸했다. 쥐 죽은 듯 사람소리 하나 나지 않았다.

이생이 물었다.

"이곳은 어디입니까?"

"여기는 우리 집 뒤쪽 동산에 있는 작은 누각 밑입니다. 저의 부모님은 자식이라곤 저 하나 두셔서 더 그러겠지만, 저를 여간 사랑하지 않습니다. 특별히 여기 연꽃 피는 연못에다 별당을 한 채 지어 주시고는, 봄에 온갖 꽃들이 피어나면 여기서 시녀들과 함께 놀도록 해주셨습니다. 부모님은 여기서 한참 떨어진 곳에 머물고 있어, 웃고 큰소리로 얘기해도 좀체 들리지 않습니다."

최랑은 술 한 잔을 따라 이생에게 권한 다음, 즉석에서 옛 풍격이 있는
시 한 편을 지어 읊었다.

난간은 내려 부용 연못 누르고 曲欄下壓芙蓉池
연못 위 꽃밭에서 연인 속삭이네. 池上花叢人共語
이슬 촉촉이 젖어들고 봄 정취 물씬 풍기니 香霧霏霏春融融
새롭게 시 지어 사랑노래 부르리. 製出新詞歌白紵

달은 꽃 그림자 보드라운 자리에 스며들고 月轉花陰入氍毹
긴 가지 두 손으로 잡으니 꽃비 내리네. 共挽長條落紅雨
바람 따라 맑은 향 옷 속에 스며들자 風攪淸香香襲衣
그 아가씨 봄날의 첫 춤을 춘다네. 賈女初踏春陽舞

비단 치맛자락 슬쩍 꽃가지를 스쳤는데 羅衫輕拂海棠枝
잠자던 앵무새 꽃밭에서 놀라 일어나네. 驚起花間宿鸚鵡

이생도 바로 시를 지어 노래했다.

잘못 들어온 무릉도원, 꽃이 한창이네 誤入桃源花爛熳
마음에 품은 연정 어이 다 말하리. 多少情懷不能語
비췻빛 쪽진 머리에 금비녀 나직하니 翠鬟雙綰金釵低
아리따워라, 파르스름한 봄빛 저고리 . 楚楚春衫裁綠紵

봄바람에 처음 터뜨리는 꽃이오니 東風初拆竝蒂花

풍성한 가지에 비바람 쏟지 마오. 莫使繁枝戰風雨

선녀 소맷자락 땅위에서 하늘하늘하니 飄飄仙袂影婆娑

계수나무 그늘 밑에서 항아가 춤추는 듯하네. 叢桂陰中素娥舞

기쁨 채 끝나지 않아 걱정 근심 따르나니 勝事未了愁必隨

새로 지은 노래 앵무새 알게 하지 마오. 莫製新詞敎鸚鵡

술자리가 파했다.

4

최랑은 이생에게 말했다.

"오늘 일은 결코 작은 인연이 아닙니다. 그대는 나를 따라오시오. 함께
정분을 맺도록 합시다."

말을 마치자 최랑은 뒷문을 열고 들어갔다. 이생이 그녀를 따랐다.

그곳엔 누각에 오를 수 있는 사다리가 있었다. 두 사람은 사다리를 타
고 올라갔다. 누각에 다다랐다. 문방구와 책상이 가지런하게 놓여 있다.
한쪽 벽에는 '안개 낀 강 위에 첩첩이 쌓인 산봉우리'란 뜻인 '연강첩장
도煙江疊嶂圖'와 '그윽하니 텅 빈 묵은 나무'란 뜻인 '유황고목도幽篁古
木圖'가 걸려 있다. 둘 다 이름 깨나 있는 그림이다. 그림엔 시가 쓰여 있
다. 시인의 이름은 알 수 없다.

첫 번째 그림에 쓰인 시는 이랬다.

그 누구 붓끝이 이렇게도 힘차더냐. 何人筆端有餘力

깊은 강 겹겹이 싸인 산을 이처럼 그리다니. 寫此江心千疊山

웅장하도다, 수 만 길 솟은 방호산이여! 壯哉方壺三萬丈

까마득히 피어오른 구름 뚫고 머리 내밀었구나. 半出縹緲烟雲間

멀어지는 산세는 수 백리 가물가물 뻗었고 遠勢微茫幾百里

눈앞 가파르게 솟은 산 푸른 소라인 듯 또렷하다. 近見岸崒青螺鬟

머나 먼 하늘에 푸른 물결 아득히 닿아있구나 滄波淼淼浮遠空

날은 저물어 멀리 바라보니 향수에 젖어드네. 日暮遙望愁鄉關

바라볼수록 이내 마음 쓸쓸한 것이 對此令人意蕭索

상강 비바람에 배 떠있는 듯. 疑泛湘江風雨灣

두 번째 그림에 쓰인 시는 이러했다.

그윽하여 텅 빈 나무에 찬바람 이니 말 하는 듯 幽篁蕭颯如有聲

오래된 나무 구불구불 말을 품은 듯 古木偃蹇如有情

얽히고설킨 뿌리엔 이끼 담뿍 끼었고 狂根盤屈惹莓苔

오래 묵은 둥치 우뚝하니 폭풍천둥 이겨왔네. 老幹矢矯排風雷

조물주의 작업장 가슴 속에 지녔건만 胸中自有造化窟

오묘한 경지 어이 지나가는 사람과 나누리. 妙處豈與傍人說

위연과 여가는 벌써 죽고 없으니 韋偃與可已爲鬼

천기를 누설해도 알아들을 이 몇이런가. 漏洩天機知有幾

비 개인 창가에서 담담히 마주하니 晴窓嗒然淡相對

그림이 보인 세계, 내 마음 옴팡 끄네. 愛看幻墨神三昧

5

또 다른 쪽 벽에는 봄, 여름, 가을, 겨울 사철의 풍경을 읊은 시가 네 수씩
있었다. 그 시를 지은 시인의 이름 역시 알 수가 없었다. 글씨는 원나라
의 명필인 조맹부의 해서체를 본떠, 필법이 매우 단정하고 고왔다.

봄 풍경화에 쓰인 시는 이러했다.

따스한 연꽃휘장 향불 피어오르고 芙蓉帳暖香如縷

창밖엔 살구꽃비 자욱하게 내리네. 窓外霏霏紅杏雨

다락에서 꿈 깨니 새벽 종소리 樓頭殘夢五更鍾

개나리 핀 언덕에 때까치 지저귀네. 百舌啼在辛夷塢

제비 날고 햇살 길어져 안방 깊은 곳 燕子日長閨閣深

나른함은 찾아들어 말없이 바늘 내려놓네. 懶來無語停金針

꽃 속으로 쌍쌍이 나비들 날아들어도 花底雙雙蛺蝶飛

금세 꽃 떨어져 정원엔 그늘만 지리. 爭趁落花庭院陰

찬기 가시자 얇은 풀빛치마 스며드는 嫩寒輕透綠羅裳

봄바람 남몰래 덧없는 애 태우네. 空對春風暗斷腸

끊일 길 없는 이 심정 헤아릴 이 누군가 脈脈此情誰料得

온갖 꽃 피어나니 새들은 원앙춤 추는구나. 百花叢裏舞鴛鴦

봄빛이 깊게 물들어 뜨락에 가득하니 春色深藏黃四家

다홍빛 연두색 창가에 어른거리네. 深紅淺綠映窓紗

뜰에 가득 풀내음 괴로워라, 봄 타는 맘 一庭芳草春心苦

드리운 발 슬며시 걷고 지는 꽃 지켜보네. 輕揭珠簾看落花

여름 풍경화에 쓰인 시는 이러했다.

밀 이삭 피고 어미제비 비껴 나는 여름 小麥初胎乳燕斜

남녘 뜰 여기저기 석류꽃이 피었구나. 園開遍石榴花

비천한 처녀 가위 움직이는 소리 綠窓工女幷刀響

꽃빛 노을 잘라내어 붉은 치마 만들려나. 擬試紅裙剪紫霞

매실 누렇게 익었는데 추적추적 비 내리니 黃梅時節雨廉纖

어두운 홰나무에 꾀꼬리 울고 제비 처마로 드네. 鸎囀槐陰燕入簾

또 한해 좋은 풍경 시들어가는구나 又是一年風景老

멀구슬꽃 떨어지고 죽순만 삐죽 보이네. 棟花零落笋生尖

아직도 파란 살구 집어서 꾀꼬리나 맞추는데 手拈靑杏打鶯兒

바람은 남쪽 난간 지나가고 해그림자 더디네. 風過南軒日影遲

연꽃 피어 향기롭고 못물 치렁치렁한데 荷葉已香池水滿

푸른 물 깊숙한 곳 가마우지 멱을 감네. 碧波深處浴鸕鶿

평상 위 대자리에 파문이 일고 藤床筠簟浪波紋

병풍 속 소상강엔 구름 덧칠되어 있네. 屛畵瀟湘一抹雲

고단해 설핏 든 낮잠 깨고 보니 懶慢不堪醒午夢

창가에 해는 기울어 서쪽도 어슴푸레하네. 半窓斜日欲西曛

가을 풍경화에 쓰인 시는 이러했다.

싸늘한 가을바람에 찬 서리 맺히고 秋風策策秋露凝

고운 달빛에 한층 투명한 가을 물 秋月娟娟秋水碧

끼룩끼룩 기러기 남녘으로 돌아가는데 一聲二聲鴻雁歸

우물가에서 또 듣는 오동잎 지는 소리. 更聽金井梧桐葉

온갖 벌레 평상 밑 울음 터뜨릴 때 床下百蟲鳴唧唧

평상 위에서 미인은 주르륵 눈물 떨구네. 床上佳人珠淚滴

수만 리 먼 전쟁터에 계신 님 良人萬里事征戰

그곳에도 오늘 밤 달은 밝으리. 今夜玉門關月白

새 옷 지으려다 가위에 냉기 돌아 新衣欲製剪刀冷

나직이 아이 불러 다리미 가져오라는데 低喚丫兒呼熨斗.

다리미 불 꺼진 지 오래 전인 걸 몰랐네. 熨斗火銷全未省

악기 가져와 연주하려다 머리 또 긁적이네. 細撥秦箏又搔首

연못에 연잎 지고 파초 잎도 누레졌네. 小池荷盡芭蕉黃

다시 내린 서리에 원앙 기와 젖는구나. 鴛鴦瓦上粘新霜

묵은 걱정에 새 시름 또 쌓이는데 舊愁新恨不能禁

골방에 귀뚜라미 울음까지 붙는구나. 況聞蟋蟀鳴洞房

겨울 풍경화에 쓰인 시는 이러했다.

매화 한 가지 창문으로 뻗었는데 一枝梅影向窓橫

바람 매서운 행랑에 달빛이 밝도다. 風緊西廊月色明

겨우 남은 화롯불 부젓가락으로 휘젓고는 爐火未銷金筋撥

아이 불러 찻주전자 가져오라네. 施呼丫鬟換茶鐺

한밤중 서릿발에 나뭇잎 거푸 놀라고 林葉頻驚半夜霜

바람은 눈을 몰아 마루를 길게 들이치네. 回風飄雪入長廊

임 그리워 밤새도록 꿈만 꾸었는데 無端一夜相思夢

아아, 옛 전쟁터 빙하에 있었네. 都在氷河古戰場

창문 가득히 햇살 드니 봄인 듯 따뜻하고 滿窓紅日似春溫

시름에 붙잡힌 눈썹에 흔적처럼 졸음이 붙었네. 愁鎖眉峰著睡痕

꽃병 속 매화봉오리 뚫고 반쯤 나왔구나. 膽瓶小梅腮半吐

수줍어 말도 못하고 원앙만 수를 놓네. 含羞不語繡雙鴛

매서운 서릿바람 북쪽 수풀 후려치는데 剪剪霜風掠北林

달 보고 차갑게 우는 까마귀 정녕 마음 가네. 寒鳥啼月正關心

등잔불 아래에서 임 생각 눈물 되어 燈前爲有思人淚

바늘땀에 떨어지니 잠시 바느질 멈추네. 滴在穿絲少挫針

다락 한쪽에 따로 조그마한 방이 있었다. 방에는 휘장, 요, 이불, 베개가 아주 깔끔하게 정리되어 있었다. 휘장 앞에는 사향 훈기가 퍼져 나오고 있었고, 난초 기름으로 만든 촛불이 타고 있었다. 불빛은 휘황찬란해 방 안이 대낮같이 밝았다. 이생과 최랑은 그날 밤 사랑의 기쁨을 누렸다. 이랑은 며칠을 그곳에서 지냈다.

하루는 이생이 최랑에게 말했다.

"옛 성인은 말씀하셨지요. '어버이가 계시거든 멀리 나갈 땐 반드시 가는 곳을 알려라'라고. 그런데 나는 지금 부모님께 아침저녁 문안 인사를 드리지 못한 지가 벌써 사흘이나 되었소. 부모님께서는 틀림없이 문밖으로 나와 문에 기대고서 내가 돌아오기만을 기다리고 있을 것이오. 이는 자식 된 도리가 아니오."

최랑은 측은한 마음이 들어 고개를 끄덕이고는, 이생을 담 너머로 보내주었다.

　이 일이 있은 뒤부터, 이생이 최랑을 찾아오지 않은 날이 없었다.

6

어느 날 저녁 이생의 아버지가 아들에게 물었다.

　"너는 아침 일찍 국학에 갔다가 저녁이 되어서야 돌아오는 생활을 하
고 있다. 이것은 성인들의 어질고 올바른 말씀을 배워 익히자는 것이다.
그런데 요즘 너는 어스름에도 나갔다가 새벽에서야 돌아온다. 무슨 일
을 하고 다니는 게냐? 남의 집 담을 넘어가 꽃나무를 꺾는 방탕한 짓을
하고 다니는 게 틀림없겠지. 이 일이 드러나기라도 하는 날이면, 사람들
은 내가 자식을 엄히 가르치지 못해 그렇다고 책망할 것이다. 더욱이 그
여성이 이름난 양반 가문의 딸이기라도 하면, 너의 그 못된 짓으로 하여
그 집안은 이름을 더럽히고 욕을 보게 될 것이다. 이 일은 작은 일이 아
니다. 너는 당장 집을 떠나 영남으로 내려가라. 거기서 일꾼들을 데리고
농사나 감독하고, 다시는 집으로 돌아오지 말거라."

　바로 다음 날 이생은 울주(울산)로 귀양 가듯 쫓겨 갔다. 최랑은 저녁
마다 꽃동산에 나와 이생을 기다렸다. 날이 가고 달이 가고 몇 달이 되어
도 이생은 돌아오지 않았다. 최랑은 이생이 병이 들어 못 오는 거라고 생
각했다. 최랑은 향아를 이생의 이웃집에 보내 몰래 소식을 알아보게 했
다. 이생의 이웃집 사람이 다음처럼 말했다.

　"이 도령은 아버지에게 죄를 지어 영남으로 떠난 지 벌써 몇 달이나 되
었다오."

최랑은 이 소식을 듣고 그만 병이 나 몸져눕고 말았다. 병은 갈수록 깊어져 일어나는 것도 힘이 들게 되었다. 나중에는 밥 한 숟가락, 물 한 모금 입에 대지 못했다. 말을 하는데 앞뒤가 맞지 않았으며, 얼굴은 초췌하니 쭈글쭈글했다.

최랑의 부모는 갑자기 딸이 그렇게 된 게 너무나 이상해서 왜 그러느냐고 병의 증세를 물었으나, 딸은 아무런 말도 하지 않았다. 최랑의 부모는 딸이 쓰던 상자를 들추어 보았다. 뜻밖에도 지난 날 딸이 이생과 주고받았던 시가 나왔다. 놀랍고도 의아한 일이었다. 최랑의 부모는 무릎을 치며 말했다. "하마터면 우리 딸을 잃을 뻔했구려!"

그들은 딸에게 물었다.

"이생이 대체 누구냐?"

일이 이렇게 되자 최랑도 더는 감추지 않았다. 말이 목구멍에 붙어 들릴락 말락 했지만 그간의 일을 부모님에게 말씀드렸다.

"아버님, 어머님께서 저를 길러주신 은혜 깊고도 깊으니, 어찌 끝까지 감추겠습니까? 제 생각에 남녀가 서로 사랑을 느끼는 것은 지극히 온당한 일입니다. 그래서 《시경》에서는 '매실이 익은 때의 잔칫날'을 노래하여 혼기를 늦추어서는 안 된다는 것을 알렸습니다. 한편 《주역》에서는 섣불리 서둘다가 가볍게 몸을 놀리면 도리어 불길하다고도 경계했습니다.

저는 냇가 버들 같은 몸으로 옛사람이 남긴 교훈을 생각지 않고, 밤이슬에 옷자락을 적시어 사람들에게 비웃음을 받게 되었습니다. 덩굴과 이끼가 나무에 붙어서 살듯이, 한 사내와 눈이 맞아 부부의 연을 맺었던 위당의 소녀처럼, 저 또한 이미 그러하였습니다. 제가 지은 죄가 넘쳐 우리 가문의 이름까지 더럽히게 되었습니다.

게다가 '교활한 그 아이'가 정을 통한 뒤 그냥 떠나버려, 제 마음 속에 원망만 천만 번 생겨났습니다. 여리고 또 여린 이 몸으로 외로움을 견디노라니, 맥은 풀리고 그리운 마음은 날로 깊어졌습니다. 그런 만큼 병은 날로 더해가서 죽을 지경에 이르렀습니다. 끝내 원한 맺힌 귀신이 되지나 않을까 두렵습니다."

"아버님, 어머님! 만약 제 소원을 들어주시면 제 목숨을 건지겠지만, 제 마음 몰라주시면 죽음이 있을 뿐입니다. 죽어, 황천에서 이생을 만나 그와 다시 놀지언정 결단코 다른 사람에겐 시집을 가지 않겠습니다."

이렇게 하여, 최랑의 어버이는 딸이 바라는 게 무엇인지 똑똑히 알았다. 더는 병에 대해 묻지 않았으나, 한편으론 깨우치고 또는 달래고 하여 딸의 마음을 편하게 해주었다. 그러고는 중매쟁이를 이생의 집에 보내 예를 갖추어 청혼했다.

이생의 아버지는 최랑의 집안이 넉넉한지 물었다. 그러고는 이렇게 말했다.

"우리 집 못난 자식이 아직 철이 덜 들어 천방지축 모르고 싸돌아다니기도 했지만, 학문에 정통하고 풍채도 그만하면 사람노릇하게 생겼소. 내가 바라는 바는 조만간 과거에 장원급제하여, 뒷날 봉황의 울음소리를 세상에 내는 것이오. 너무 서둘러 혼인을 맺어주고 싶은 생각이 없소이다."

중매쟁이가 그대로 전하자, 최랑의 아버지는 중매쟁이를 다시 보내 말을 넣었다.

"내 주위에 있는 벗들이 하나같이 그 댁 아드님의 재주가 남달리 뛰어나다고들 칭찬하고 있습니다. 지금은 비록 댁의 아드님이 과거에 오르지 못해, 똬리를 틀고서 웅크리고 있는 형세이지만, 앞날에도 계속 못 속의 고기처럼 갇혀만 있으리라고 여길 수는 없는 일이지요. 서둘러 좋은 날을 잡아 두 사람에게 혼인을 맺어주는 것이 좋겠습니다."

중매쟁이가 이씨 집에 이 말을 다시 넣자, 이생의 아버지가 대답했다.

"나도 어린 시절부터 책을 손에서 놓지 않고 글공부만 했으나, 나이만 먹고 이룬 것은 아무것도 없소이다. 그 와중에 종들은 흩어지고 도움을 주는 친척도 없다시피 하지요. 보다시피 생업은 신통치 않고, 살림살이는 보잘 게 없소. 최씨 집은 가문도 짱짱하고 재산도 많은데, 어찌 나처럼 가난한 사람의 자식을 사위로 맞아들이려고 하겠소. 이는 틀림없이 말 지어내기를 좋아하는 사람이, 우리 집을 터무니없이 치켜세워 고귀한 아가씨 집을 속였을 것이오."

중매쟁이는 들은 말을 최랑의 부모에게 그대로 전했다. 그러자 최랑의 부모가 말했다.

"혼례를 치르는데 필요한 비용은 말할 것도 없고, 혼수에 드는 비용까지도 우리가 대겠소. 좋은 날을 받아 화촉을 밝히도록 합시다."

중매쟁이가 이 말을 이씨 집에 그대로 전했다. 그러자 이씨 집에서도 마음을 돌려, 사람을 보내서 아들의 뜻을 물어보았다.

이생은 너무 기뻐 시를 지었다.

깨진 거울 온전케 되는 만남에도 때가 있지 破鏡重圓會有時

은하수 까막까치 그 기쁜 때 도왔네. 天津烏鵲助佳期

오늘 월하노인이 엉킨 실타래 풀었으니 從今月老纏繩去

접동새여! 봄바람 맞이하고 원망일랑 거두게나. 莫向東風怨子規

　

최랑은 이생이 그 같은 시를 지었다는 소식을 들었다. 그녀의 몸도 차츰 좋아졌다. 최랑은 시를 지었다.

　

나쁜 인연이 좋은 인연이었구나. 惡因緣是好因緣

사랑 맹세 드디어 온전하네. 盟語終須到底圓

작은 수레 함께 끌 날 언제이런가? 共輓鹿車何日是

아이야 날 일으켜라 꽃비녀 수선하자. 倩人扶起理花鈿

　

이에 좋은 날을 골라 혼례를 치르니, 끊어졌던 거문고 줄이 다시 이어졌다. 최랑과 이생은 한 가정을 이루어 서로 사랑하고 서로 존경했다. 서로가 존경함이 극진해, 마치 서로 귀한 손님 대하는 것 같았다. 옛날에 가시버시 사이가 지극했다는 양홍(후한 때 가난한 선비)과 맹광(전한 때 부잣집 딸) 부부나, 포선(후한 때 가난한 선비)과 환소군(전한 때 부잣집 딸) 부부도 이들의 절개와 의리에 비하면 보잘 게 없었다.

　이생은 이듬해에 과거에 합격했다. 그는 중요한 벼슬에 올라 이름이 나라에 알려지게 되었다.

7

1361년(공민왕 10년)이었다. 홍건적이 우리나라를 쳐들어왔다. 적들이 고려의 수도인 개성을 점령했다. 고려 공민왕은 복주(안동)로 피난을 갔다. 적들은 이집 저집 불을 마구 질러댔고, 사람을 닥치는 대로 죽이고, 가축을 마구 잡아먹었다.

백성들은 부부와 친척끼리도 서로 보호하지 못해, 이 사람은 여기로 도망치고 저 사람은 저기로 숨었다. 이생도 가족을 이끌고서 깊은 산골까지에 숨으러 집을 떠났다. 그런데 적 한 명이 나타났다. 적이 칼을 뽑아 들고 쫓아왔다. 이생은 냅다 뛰어 도망갔다. 그는 적에게서 벗어났다. 그러나 그의 아내 최랑은 적에게 잡히고 말았다. 적은 최랑을 겁탈하려 덤벼들었다. 최랑은 큰소리로 적을 꾸짖었다.

"이 살인마야, 차라리 나를 죽여라. 내 죽어 이리 승냥이의 뱃속에 내 무덤을 둘지언정, 어찌 개돼지의 짝이 된단 말이냐?"

적은 씩씩거리며 최랑을 칼로 내리치고 마구 찔렀다.

이생은 황폐한 들판에 몸을 꼭꼭 숨겨 목숨을 겨우 보존했다. 적들이 패배해 물러갔다는 소리를 들은 뒤에야, 그는 부모님이 사시던 옛집을 찾아갔다. 그 집은 벌써 전쟁 통에 불에 타 버리고 아무 것도 없었다. 이제 그는 최랑의 부모 집을 찾아갔다. 행랑채만 쓸쓸히 서 있었는데, 쥐떼들이 여기저기서 찍찍 소리를 내고 새들이 짹짹거릴 뿐이었다. 이생은 슬픔을 누르지 못했다. 그는 최랑을 처음 만나 함께 지냈던 누각에 올라갔다. 이생의 눈에선 눈물이 줄줄 흘러내리고, 그의 입에선 긴 한숨이 나왔다. 그는 홀로 우두커니 앉아 있었다. 어느덧 날이 저물었다. 멍하니 옛날의 즐거웠던 일이 떠올랐다. 모든 것이 한바탕 꿈 같았다.

밤 9시가 다 되었을 무렵이었다. 달빛이 희미하게 산을 넘어왔다. 집 들보에 빛이 비쳐오는데 행랑에서 소리가 들려왔다. 터벅터벅 발자국 소리였다. 멀리에서부터 점점 가까이 다가왔다. 발소리가 이생 바로 앞까지 왔다. 최랑이었다. 이생은 최랑이 이미 죽은 줄 분명히 알고 있었다. 하지만 최랑을 너무도 사랑한 나머지 이생에겐 아무런 의심도 생겨나지 않았다. 그는 얼른 최랑에게 물었다.

"어디로 피신하여 목숨을 보전하였소?"

최랑은 이생의 손을 잡고 한바탕 통곡을 했다. 이어서 그간의 일을 낱낱이 말했다.

"저의 본바탕이 양가집이어서 어릴 적부터 가정의 교훈을 받들었지요. 바느질과 수놓기를 배웠으며, 《시경》과 《서경》을 읽었고, 어질고 올바르게 살아야 한다는 걸 배웠지요. 집 안에 있으면서 아낙네의 법도만 닦았고요. 그러니 어찌 아낙네의 삶을 넘어 (사내와 함께하는 것을) 알고 있었겠습니까?

그런데 당신이 살구꽃 무르익은 담장 안을 엿보았지요. 저는 푸른 바닷속 옥 같은 마음을 당신에게 드렸고요. 우리는 꽃 앞에서 한 번 웃고 평생을 함께하기로 약속하고, 휘장 안에서 정분을 맺었지요. 그 사랑은 백년을 너끈히 넘어갈 정도로 깊었지요.

이런 말을 해야 하다니, 서러움과 부끄러움을 견딜 수 없네요. 함께 늙다가 함께 돌아가자고 말했었지요. 그때, 청춘의 때에 이내 몸이 난도질되어 시궁창에서 구르게 될 줄을 어찌 생각이나 했겠습니까?

결단코, 승냥이 같고 범 같은 짐승 놈이 이 몸을 겁탈하게 내버려둘 수는 없는 일이었지요. 그래서 내 스스로 이 살점이 찢겨져 땅바닥에 흩어지는 쪽을 받아들였습니다. 이것은 하늘로부터 받은 인격의 자연스러움에 따랐기에 가능했던 일이지, 인간의 감성으로는 차마 견딜 수 없는 일이었지요.[固天性之自然, 匪人情之可忍.]

아, 서러워라! 외진 산골에서 당신과 이별한 뒤, 나는 짝 잃은 한 마리 외로운 새가 되었습니다. 집은 불타 없어지고, 어버이도 저 세상으로 가시고 말았지요. 이 내 넋은 서러워 이 세상을 떠나지 못하고 아직도 여기에 머물고 있지만, 이 넋이 의지할 곳이라곤 없습니다.

올바름의 무거움에 견주면, 목숨은 오히려 가벼운 거지요. 몸이 없어지긴 했지만, 올바름을 지켰으니 다행이라 할 것입니다. 하지만 조각조각 흩어져서, 차갑게 식어 재가 되어버린 이 마음을 그 누가 불쌍히 여겨주기나 하겠습니까. 잘리고 또 잘린 채, 썩어가고 있는 이 내 창자는 그어떤 사람이 모아주기나 할까요? 뼈는 들판에 널려 있고, 간과 쓸개는 땅바닥에 팽개쳐져 있습니다.

옛날의 즐거움을 하나하나 생각할수록, 그날 난자당했던 날의 원통함과 슬픔이 더욱 커집니다. 그러나 지금은 죽은 풀이 추연의 피리 소리에 깊은 골짜기에서 되살아나고, 천녀에게서 떠났던 혼이 친정에 다시 온것과 같습니다. 봉래산에서 맺은 언약은 아직 풀리지 않았고, 취굴에서 세 생애동안 맺었던 인연이 아직도 향기를 발하고 있습니다. 멀리 떨어져 있어 소식이 끊겨졌었는데, 이제 다시 만나게 되었군요. 지난날 맺은 맹세 저버리지 않을 것입니다. 그대도 잊지 않았다면, 끝까지 좋은 인연을 맺어 함께 살고 싶습니다. 그대는 나를 받아들여주시겠습니까?"

이생은 기쁘고도 감격에 차 말했다.

"정말로 바라던 바이지요."

이 말을 시작으로 두 사람은 서로 정답게 자신의 심정을 이야기했다. 이런저런 말을 하던 중에 이생이 적들이 집에 있던 재산을 다 약탈해 가서 아무것도 남은 게 없더라고 말했다. 그러자 최랑이 말을 받았다.

"조금도 잃지 않았어요. 산골짜기에 묻혀 있어요."

"두 집 부모님의 유골은 어디에 있을까요?"

"아직도 버려져 있습니다."

마음에 있던 이야기를 다 풀어 낸 뒤, 잠자리를 같이했다. 그 즐거움이 지극했는데, 옛날이나 다름없었다.

이튿날 최랑은 이생과 함께 재산이 묻혀 있는 곳에 갔다. 금, 은 몇 덩어리와 약간의 재물이 있었다. 또한 두 집 부모님의 시신을 찾아내 우선 수습했다. 그 뒤, 금과 재물을 팔아 부모님의 시신을 오관산 기슭에 따로 합장했다. 무덤 주위에는 묘비를 세우고 제물을 차려 그 예를 다했다.

8

그 뒤, 이생은 벼슬살이에 나가지 않았다. 그는 최랑과 함께 집에 머물러 있었다. 전란을 피해 여기저기 흩어졌다가 살아남은 하인들이 돌아와서 살림을 도왔다. 이생은 이때부터 세속적인 일에는 관심을 두지 않았다. 친척과 벗에게 축하하거나 조문해야 할 일이 생겨도 집 안에만 있을 뿐 문밖으로 나서지 않았다. 이생은 집 안에 들어앉아 늘 최랑과 함께했다.

어떤 때는 함께 술을 마시고, 또 어떤 때는 시를 지어 서로 화답했다. 그들이 금실 좋게 지내는 사이 시간은 흘러 어느덧 몇 해나 지나갔다.

9

어느 날 저녁 최랑이 이생에게 말했다.

"우리가 세 번이나 좋은 시절을 만났지만, 어그러지기 쉬운 게 세상일이지요. 즐거움은 아직도 여전한데, 갑작스레 이별의 때가 닥쳐왔네요."

그러고서 최랑은 목 놓아 울었다. 이생은 깜짝 놀라 물었다.

"이 무슨 날벼락이란 말이오."

"저승으로 가는 운명은 피할 길이 없습니다. 저와 낭군을 이어주던 연분의 실이 그때는 끊어질 때가 아니었고, 또 우리의 만남을 막을 죄도 우리는 짓지 않았습니다. 그래서 하느님께서 잠시 저의 환영으로 하여금 그대와 함께 애간장 끊어지는 서러움을 풀도록 한 것입니다. 하지만 오랫동안 인간 세상에 머무르며 이 세상 사람을 속여서는 안 됩니다."

그런 다음 최랑은 시중드는 아이에게 술상을 차려오게 했다. 술상이 들어오자, 최랑은 옥루춘玉樓春이라는 노래를 부르며 이생에게 술잔을 권했다. 그 노래 가사는 이랬다.

칼과 창이 번쩍번쩍 눈 가득 빗발치니 干戈滿目交揮處

구슬 깨지고 꽃잎 떨어지고 새는 짝을 잃네. 玉碎花飛鴛失侶

여기저기 흩어진 뼛조각 누가 묻어줄까 殘骸狼藉竟誰埋

피투성이로 떠도는 넋 하소연할 곳도 없네. 血汚遊魂無與語

무산의 선녀 되어 고당에 내려와 高唐一下巫山女

다시 만났는가, 서럽나니 또 쪼개질 숙명 破鏡重分心慘楚

이제 갈라지면 갈린 길 서로 아득하여 從玆一別兩茫茫

저승과 이승 사이 영영 영영이라네. 天上人間音信阻

　최랑의 입에서 노래가 한 마디 한 마디 떨어질 때마다 울음이 흘러내려 가락이 이루어지지 못했다.

　이생 또한 슬픔을 걷잡지 못했다. 그가 말했다.

　"임자와 함께 저승으로 가는 게 낫지, 어찌 외롭게 나 혼자 남아서 남은 생을 살 수 있겠소? 지난 번 난리에 친척과 종들은 흩어지고, 돌아가신 부모님의 뼈는 들판에 내버려져 있을 때, 임자가 없었더라면 누가 그분들을 땅에 묻어줄 수 있었겠소?

　옛사람은 이렇게 말했지요.

　'어버이가 살아계실 땐 예禮에 맞게 섬기고, 돌아가시면 예禮에 맞게 장례를 치른다.'

　임자는 그 말대로 하였소. 임자의 천성이 순수하고 효성스러운 데다, 인정이 돈독하고 두터운 덕택에 그리하였던 것이오. 내 감격해 마지않았지만, 내 자신 스스로 부끄러울 뿐이었소. 임자! 내 바람이오. 이 세상에 남아 함께 백 년을 누리고, 함께 묻힙시다."

　최랑이 대답했다.

　"당신의 목숨은 아직도 한참 남아 있어요. 저는 이미 귀신 명부에 제 이름이 실려 있는지라, 더 오래 머무를 수 없습니다. 만약 제가 인간 세상을 그리워한 나머지 미련을 떨치지 못한다면, 저승의 법도를 어기는 일이지요. 그러면 그 죄가 제 한 몸에 그치지 않고, 당신에게까지 그 허물이 미치게 됩니다.

제 뼈들이 모처에 흩어져 있습니다. 은혜를 베푸시겠거든, 그것을 거두어 비바람을 맞지 않게 해주십시오."

두 사람은 마주보고서 눈물을 줄줄 흘렸다. 최랑이 말했다.

"당신, 부디 몸 성히 잘 지내시오."

말이 끝나자, 최랑의 몸이 차츰차츰 사라졌다. 마침내 흔적조차 없게 되었다.

이생은 흩어져 있던 최랑의 뼈를 거두어 최랑의 부모 무덤 곁에 묻었다. 장례를 마치자, 이생은 최랑을 사무치게 그리워하다 병을 얻게 되었다. 몇 달 지나지 않아 그도 마쳤다.

독서토론을 위한 질문 10

1. 책의 첫 대목에 이생이 버드나무 아래에서 '담장'의 안을 슬쩍 들여다봅니다. 그리고 이생과 최랑이 담장을 사이에 두고 편지로 마음을 확인하고 이생이 담을 넘게 됩니다. 이 과정에서 이생의 마음과 최랑의 마음을 살펴볼 수 있는 언행과 시의 구절이 나옵니다. 이 언행과 시 구절을 뽑아서 누가 더 적극적인지를 비교해 보고 그 이유를 말해 봅시다.

2. 이 책의 첫 장인 〈이생, 담장 너머로 최랑을 엿보다〉 뒷부분을 보면, 야옹샘과 세 친구가 '집안 살림'에 대하여 이야기를 나눕니다. 조선의 여자선비들은 '생명을 키우는 일'로, '마음을 닦는 일'로 집안 살림에 의미를 부여했습니다. 그에 비해 서양의 전통은 '집안 살림'을 직접적으로 목숨을 부지하는 '노동'으로 노예나 하녀가 하는 일로 여겼다고 합니다. 이러한 '집안 살림'에 대한 오래된 생각들의 차이를 살펴보고, 한 인간으로서 '집안 살림'을 어떻게 봐야 하는지, 그리고 '집안 살림'에서 남자와 여자의 역할이 따로 있다는 생각의 문제점은 무엇인지를 이야기해 봅시다.

3. 이생이 최랑을 따라 올라간 다락방에는 두 폭의 화첩이 걸려 있습니다. 하나는 연강첩장도(煙江疊嶂圖, 안개 낀 강 위에 첩첩이 쌓인 산봉우리)이고 다른 하나는 유황고목도(幽篁古木圖, 그윽하니 텅 빈 묵은 나무)입니다. 야옹샘과 세 명의 친구들은 두 폭의 그림을 '공간과 시간', '자연과 문명' 나아가 '우주'로까지 의미를 확장하여 살펴봅니다. 이와 유사한 동양화 작품들을 찾아서 함께 보고, 그 작품에서 '책에 있는 시 구절'과 어울리는 요소를 찾고 나름대로 느낀 점을 이야기해 봅시다.

4. 최랑과 이생의 사랑은 벽에 부딪히게 됩니다. 개인 간의 사랑이 가족과 집안이라는 사회적 관계의 반대에 부딪힙니다. 그러나 최랑이 죽음을 무릅쓰고 호소하여 혼인을 허락받고 이생을 다시 만나게 됩니다. 이 과정에서 중매쟁이를 통하여 이생의 아버지와 최랑의 아버지 사이에 말이 오갑니다. 이 말들을 살펴서 두 집안의 입장을 비교하여 보고, 지은이 김시습이 의도한 바를 이야기해 봅시다.

5. 최랑과 이생의 혼인 시절은 금세 끝이 납니다. 이번에는 고려 공민왕 때 벌어졌던 '홍건적의 난'으로 최랑이 죽임을 당합니다. 최랑과 이생이 살던 사회의 밖에서 전쟁을 걸어온 것입니다. 짐승 놈의 겁탈에 맞서 최랑은 저항합니다. 최랑은 이생에게 '하늘로부터 받

은 인격의 자연스러움을 따랐다'고 말합니다. '정조' 관념에 머물지 않은 최랑의 말을 통해, 생육신으로 살았던 김시습이 처했던 역사적 상황을 고려하여, 그가 말하고자 것은 무엇일까요?

6. 이생은 전쟁 통에 불에 타버린 옛집에 돌아와서, '모든 것이 한바탕 꿈 같았다'고 말합니다. 이후로 이생은 달라집니다. 야옹샘과 세 친구들은 이를 '인식의 대전환'이라며, 플라톤의 '동굴 속 죄수', 베이컨의 '동굴의 우상' 그리고 '우물 안 개구리' 등 적합한 비유를 찾고 있습니다. 어떤 비유가 '이생의 깨달음'을 잘 설명할까요?

7. 이생은 귀신이 된 최랑과 사랑을 나눕니다. 여기서 질문. 저승이 있을까요? 귀신은 무엇일까요? 인류는 오랫동안 죽음 이후의 세계를 상상했고 이를 생사관(生死觀)으로 체계화해 왔습니다. 야옹샘과 친구들은 공자, 칸트의 언명을 찾고 김시습은 어떻게 생각했는지를 추적합니다. 공자나 칸트와 달리 김시습은 죽음 이후를 어떻게 보았을까요? 또 여러분은 죽음 이후를 어떻게 생각하나요?

8. 세 친구들은 셰익스피어의 《로미오와 줄리엣》은 비극적이라는 데 동의합니다. 하지만 〈이생규장전〉은 이생과 최랑이 다 죽었는데도 '안도감'이나 '이루었다'는 느낌이라고 합니다. 이어서 이 작

품 속 '죽음'을 설명하는 여러 글을 인용하고 있습니다. 여러분은 절망적이었나요, 안도감을 느꼈나요? 만일 죽음으로 '이루었다'면 무엇을 이룬 것일까요?

9. 김시습은 유(儒)·불(佛)·선(仙)의 사상을 혼합하여 이 작품을 지었다고 합니다. 이 작품에서 유교적인 것, 불교적인 것, 선(도교)적인 것을 찾는다면 어떤 대목일까요? 또 어떻게 혼합하여 김시습은 스스로의 관점을 세웠을까요? 김시습이 쓴《금오신화》의 다른 작품들에서 김시습은 또 어떻게 말하고 있을까요?

10. 최랑은 주도적으로 이생을 깨우치게 하고 이끌었습니다. 최랑에게서 조선 여성을 읽을 수 있다고 저자는 말합니다. 이 책의 〈덧붙이는 글〉에 보면 조선 여인들에 대한 오해를 풀고자, 임윤지당, 강정일당 등이 남긴 글을 살펴보고 있습니다. 남편을 꾸짖는 편지글 외에도 학문적인 서술도 꽤 많다고 합니다. 조선의 여자선비가 쓴 글을 더 찾아 읽어 보고, 조선 시대를 살았던 여성의 삶을 이야기해 봅시다.

조선 여인들에 대한 오해

뿌려진 지 2200년이 지나서야 싹을 틔워 잎을 낸 '씨앗'이 있다. 플라톤이 《국가》에서 뿌린 씨앗이다.

'나라를 경영'하는 사람들의 일(업무)로서, 여자가 여자이기 때문에 여자의 것인 것은 없고, 남자가 남자이기 때문에 남자의 것인 것도 없다 네. 오히려 여러 가지 성향이 여성과 남성 양쪽 다에 비슷하게 흩어져 있어서, 모든 일에 여자도 '성향에 따라' 관여하게 되고, 남자도 모든 일 에 마찬가지로 관여하게 되는 걸세.[*]

플라톤은 '아름다운 나라'가 있다면, 그곳에서 국정 운영을 맡은 사람들의 구성과 역할은 이러해야 한다고 천명했다. 이것이 현실 화되기까진 2200년도 넘는 시간이 필요했다. 여성이 참정권을 가 진 게 미국은 1920년, 영국은 1928년, 프랑스는 1946년이다. 일본

---

[*]   플라톤 지음, 박종현 옮김, 《국가》, 서광사, 2005, 455쪽.

은 그때까지 여성참정권이 없다가 미국에 의해 1945년에 주어졌고, 한국은 광복 후 첫 의회인 1948년 제헌의회에서부터 여성이 참정권을 가졌다. 놀랍게도 스위스에서 여성참정권이 연방 차원에서 인정된 건 1971년이다.

여성은 인간의 반이다. 그런데도 역사 세계에선 형편없는 대접을 받았다. 20세기 중반까진 동서양 할 것 없이, 남성이 여성을 아예 역사 세계에 끼워주지도 않았다. 조선도 이 점에서 변명의 여지가 없다. 조선 역시 여성이 국정에 참여하는 것을 막았다는 점에서 비판받아 마땅하다. 조선의 남성 지식인들 역시 현실 역사가 가진 한계 속에 갇혀 있었을 따름이다.

하지만 조선의 여인들은 남성들이 금 그어 놓은 선 안에서만 머물려 했던 것은 아니다. 한계적이지만, '가치'라는 측면에서 남성의 영역에 침투해 들어갔다. 비록 국정 운영까진 진출하지 못했지만, 남성들이 최고의 가치로 높이 받든 '성인聖人과 군자'가 남성의 전유물이 아님을 조선의 여인은 분명히 했다.

임윤지당의 칼과 '사람이라면'

조선의 여인 임윤지당은 '칼'에 이런 뜻을 새기고 품고 다녔다.

찬 서리 빛, 타오르는 해로 벼리어진 칼날이여!

형체 없는 칼 시퍼렇게 쇠를 자르네.

겨냥한 족족 사악함 녹이는 칼날이여!

그 위엄 장엄하고 그 이룸 신묘하네.

날카로운 검이여, 도와서 약한 마음 없애라.

숫돌에 갈아 칼날 시퍼렇게 벼리어

불쑥불쑥 올라오는 잡된 풀 베어라.

흉악한 것들 없애면 순임금의 해가 중천에 떠오를지니

태평성대 쭉 이어지고 마음 활짝 펴리.[*]

　조선 여인들이 찼던 칼은 몸을 지킬 은장도만은 아니었다. 성인
과 군자 되는 것을 막는 온갖 잡된 것을 잘라내는 은장도이기도 했
다. 날카로운 칼을 차고 윤지당이 이루려고 했던 것은, 남정네가 이
루어야 하는 것과는 다른 그 무엇이 아니었다. '사람이면' 이루어야
하는 것이었다.
　윤지당이 칼에 새긴 글귀의 의미가《윤지당유고》에 나와 있다.

　사람의 본성은 모두 선하다. 그런데도 요·순·주공·공자가 되지 못하는 것은
왜인가? 사람의 욕심이 선한 본성을 해치기 때문이다. 사람의 욕심을 잡도리

---

[*]　임윤지당,《윤지당유고允摯堂遺稿》하편,〈칼에 새긴 글[匕劍銘]〉, 1796.

할 수만 있다면, 하늘의 이치가 스스로 사람 마음에 존립하게 될 것이다. 그러니, 나 역시 요·순·주공·공자가 될 수 있다. 혈기에서 나오는 용기를 물리치면, 하늘의 이치와 올바름에서 나오는 용기가 나오게 된다. 이 용기를 기르면, 날카로운 검이 저절로 생겨, 사람의 욕심이 감히 그 사이에 발을 들여놓지 못한다. 한 마음의 쏨쏨이, 몸의 온 움직임이 다 천리의 작용이니, 요·순·주공·공자가 곧 내 안에 있게 된다. 기이하고도 신비롭도다. 시퍼렇게 날선 검이여! 글을 검에 새겨 스스로 경계한다.(《윤지당유고》, 〈칼에 새긴 글〉)

윤지당에겐 시퍼렇게 날 선 칼로 자기를 베고 이루려고 했던 게 있었다. 그 자신이 요임금·순임금·주공·공자가 되는 것이었다. 조선의 여인이 품었던 기상은 하늘을 가득 채울 '호연지기'였다.

윤지당(1721~1793년)은 둘째 오빠 임성주에게서 배우고 그의 학통을 이었다. 이것은 뒷사람의 평가이기도 하지만,[*] 그 자신의 자의식이었다. 그는 임성주 제문祭文에서 "녹문 선생(임성주 호) 성천공이 불행히도 후학後學을 버리시어 5월 초이틀에 장례를 치르게 되었습니다"라며 자신을 임성주의 후학이라고 못박았다.

임성주(1711~1788년)는 이이-김장생-김집-송시열-이재로 이어지는 조선 성리학의 큰 맥을 이었을 뿐만 아니라, 조선 최대의 학술

---

[*] 정해은 지음, 《조선의 여성, 역사가 다시 말하다》, 너머북스, 2011, 103쪽 참조.

논쟁인 인물성동이론人物性同異論을 기일원론적氣一元論的 입장에
서 종합하여 자신의 학설을 수립한 대학자다.《조선유학사》를 쓴 현
상윤은 그를 조선 성리학의 6대가 가운데 한 사람으로 일컫기도 했다.

　임성주의 후학이라고 밝힌 윤지당은, 스승 임성주의 가르침이
자신의 학문과 삶을 이끌었다고 밝혔다.

　　저는 어려서부터 공(오빠인 임성주)의 지극한 우애를 받으며 자랐고,
　공으로부터 방정하고 의로운 가르침을 받았습니다. 제가 거칠게나마
　몸가짐하는 법을 알아 죄에 빠지지 않은 것은 다 공의 덕분입니다. 남녀
　로 태어나 비록 가는 길이 다르다고는 하지만, 하늘로부터 받은 본성은
　결코 다르지 않습니다. 그러므로 제가 경전의 의미에 대해 의문을 가지
　면, 공께서는 반드시 부드러운 어조로 잘 깨우쳐주셨는데, 저에게 깨달
　음이 열린 뒤에야 그만두셨습니다.(《윤지당유고》, 〈둘째 오라비 녹문 선생
　제문[祭仲氏鹿門先生文])

　윤지당에게 임성주는 오빠이기 전에 스승이었다. 임성주 역시
윤지당을 단지 피붙이의 눈길로 바라보지 않았다. 늘그막에 임성
주는 윤지당이 사는 곳 원주로 옮겨와서 살다가, 4년 뒤에야 막내
아들 집으로 갈 정도로 제자 윤지당을 아꼈다. 임성주는 윤지당에
게 보내는 편지에서 도를 전하는 것의 즐거움을 말하며, "우리의

도道가 나로 말미암아 전해질 수 있다면 죽어도 한이 없겠다"라고 했다. 이 말에 정신이 번쩍 든 윤지당은 오랫동안 써온 글을 모아 책으로 엮었다.

윤지당의 학문 세계는 방대하고 깊다. 우선 그는 성리학 이론의 핵심적인 개념뿐만 아니라, 학술적인 논의에서도 정점에 있던 주제를 빠뜨림 없이 다 다뤘다. 이理·기氣·심心·성性에 관한 논설, 인심도심人心道心·사단칠정四端七情에 관한 논설, 예禮·악樂에 관한 논설, '어지러운 현실을 극복하는 길은 사람을 얻는 데 달려 있다'는 명제에 관한 논설, 공자가 밝힌 '내 도는 하나로 꿰뚫어진다'는 명제에 관한 논설, '극기복례克己復禮가 인仁'이라는 명제에 관한 논설이 그것이다.

조선 지식인의 정신을 형성하는 데 밑돌이 되었던 것은 사서四書인데, 그 가운데 《중용》이 가장 심오한 책으로 여겨진다. 그런 책인 《중용》을 윤지당이 해설했다. 바로 《중용경의中庸經義》이다. 이 책은 윤지당의 학문 세계가 얼마나 깊었는가를 알려준다.

오늘날 이 책은 오랜 연구와 사색에 의해 만들어진 깊이 있는 철학서로 평가받고 있다.[*]

[*] 박무영 외 지음, 《조선의 여성들, 부자유한 시대에 너무나 비범했던》, 돌베개, 2004, 169쪽.

그는 공자의 제자를 비롯한 과거의 중요한 인물들을 당당하게 그의 잣대로 재고 평가했다. 공자의 제자인 자로·안회, 한나라를 쩡쩡 울리게 했던 학자 가의, 한나라 장군 이릉, 위진남북조 시대의 인물인 온교, 송나라의 재상이자 자치통감의 저자 사마광, 송나라의 개혁 정치인 왕안석, 남송의 의병장이자 학자인 악비에 관해 그의 붓은 거침없이 써내려갔다. 그의 붓끝에서 이들은 단지 한 사람일 뿐이다. 어떻게 이 엄청난 인물들이 조선의 한 여인이 든 붓끝에서 평가를 받을 수 있단 말인가?

그때 이것을 문제 삼은 조선의 지식인은, 아무도 없었다. 지금 그것을 의아하게 여기는 게 도리어 의아한 일이다. 당시 사람들은 윤지당의 학술 작업을 비판하기는커녕 오히려 상찬했다. 이민보(1720~1799년)는 윤지당의 글을 보고 '천부적인 식견을 타고 났으며, 성리학과 인의仁義의 논의에서는 고금의 여인들 가운데 제일인자'라 했다. 또한 윤지당의 친동생 임정주와 시동생 신광우는 윤지당의 글이 사라지지 않도록 모아서 《윤지당유고》란 책으로 간행했다. 《윤지당유고》를 읽고 유한준(1732~1811년)은 감동해 다음처럼 밝혔다. 앞에서 인용했지만, 다시 한번 따오겠다.

풍천 임씨에 여성 군자[女君子]가 있었다. 호가 윤지당인 분이다. ……《윤지당유고》를 보았는데 인성과 천명, 인심과 도심을 분석하는 내용도 들어 있다. 그 깊이가 심오하고 독창적이다. …… 역사를 논평한 것도 정밀하고 투철할 뿐만 아니라, 조리를 갖추었다. 그 문장은 어떤 분야이든지 상세하면서도 번잡스럽지 않고, 은근하면서 박절하지 않으니 외울 만하다. 아, 이채로운 문장이구나!(유한준, 《자저》, 〈윤지당고서〉)

윤지당이 쓴, '여자선비' 한씨

윤지당은 당대 여성 인물을 발굴하기도 했다. 송능상의 부인 한씨에 관해 전기를 써서 후대에 남겼다. 이 글을 통해 윤지당이 높이 친 게 무엇이었는지를 또렷하게 알 수 있다.

어느 날 한씨의 남편과 그의 종형제들이 모여 자신들이 품은 뜻을 서로 밝히다가 말했다.

"우리가 사모하는 것은 율곡이 품고 실천했던 도道와 덕德 그리고 부귀영달이지."

그 남편 역시 그에 맞장구를 쳤다.

다른 사람들이 다 돌아간 뒤, 한씨는 남편에게 물었다.

"형들의 말에 대해 어떻게 생각하나요?"

"좋게 생각하오."

한씨가 빙그레 웃자, 남편이 물었다.

"왜 웃으시오?"

아내가 천천히 대답했다.

"제 생각엔 이렇습니다. 율곡이 율곡일 수 있는 것은 그가 품고 실천했던 도道와 덕德에 있습니다. 설사 율곡이 빈천해서 깊은 산 속에서 산다 하더라도 율곡의 덕에 무슨 손상이 생기겠으며, 부귀영달했다고 해서 그의 덕에 무슨 보탬이 있겠습니까? 형들이, 율곡이 품고 실천했던 도道와 덕德만 얘기했다면 이것은 정말로 그 덕을 사모한 것이겠지요. 하지만 도道와 덕德에 부귀영달을 함께 말했지요. 그것은 덕을 사모한 것이 아닙니다. 실상 그 마음이 사모한 것은 부귀영달인 게지요. 낭군께서 그것을 좋다고 하셨는데, 잘못된 일이 아닌가요?"

남편은 아내의 학식에 심복하고, 드디어 마음을 일으켜 배움을 닦아 유학의 도를 이루었다. …… 한씨는 학식과 덕행이 있을 뿐 아니라 글재간도 뛰어났다. 그 아버지가 세속의 쓰잘데기 없는 소리를 믿어 경서*를 가르치지 않았으나, 한씨는 때때로 경서와 역사책을 섭렵해 대강 그 뜻을 알았다. …… 남편을 바른 길로 이끌어 힘써 배움에 뜻을 두게 했으니, 여자선비(女士)란 옛 칭호야말로 이 분을 이르는 말이 아닌가!《윤지당유고》,〈송능상 부인전[宋氏 能相 婦傳]〉

윤지당이 쓴 전기문의 주인공인 한씨의 남편은 송능상(1709~

---

* 서書를 '글'로 번역한 분들이 많지만, '경서'로 번역해야 말이 통한다. 바로 뒤 '경서와 역사책을 섭렵했다'고 번역한 글자가 '서書 와 사史'인 점이 이것을 입증한다.

1758년)이다. 송시열의 5대손이다. 그는 과거시험에 뜻을 두지 않고 배움에만 오롯이 뜻을 두어 20대에 대학자가 되었다. 아내 한씨의 영향이 컸을 것이다. 송능상은 1740년(영조 16년) 학문과 행실이 뛰어나다는 평판을 받아, 세자 교육을 담당하는 관료에 추천되어 세자를 가르치기도 했으나, 곧 벼슬을 그만두고 묘향산에 들어가 학문에 전념했다. 《주역》을 깊이 연구했고, 예학에 밝았으며, 시문집인 《운평집》을 남겼다.

그런데 윤지당은 그런 송능상의 학문적 성취에서 송능상의 아내 한씨의 학식을 보았다. 아니 그 이상이었다. 아내의 학식이 남편의 학식보다 월등했고, 다른 남성들의 학식을 훌쩍 넘어갔음을 윤지당은 알리고 싶어, 한씨의 전기문을 쓴 것이다. 송능상을 비롯해 부귀영달을 은근히 바라는 남성들의 정신세계는 자잘하기만 하다는 것이 한씨 앞에서 드러나고 있었다. 이것을 윤지당은 세상에 밝게 알렸다. 이것으로 윤지당은, 선비란 호칭은 남성의 전유물이 아님을 증명해 보였다. 한씨 여인을 발굴해 그의 전기를 쓴 까닭이리라.

'삼종지도'라는 레토릭

한씨 여인과 윤지당의 이런 태도는 삼종지도란 말에 대해 돌아보게 한다. 삼종지도란 말이 실제 상황인지, 레토릭 차원인지는 구별해 봐야 한다. 물론 조선의 역사에서 '삼종지도'가 실재했다고 느끼게 하는 경우가 있기는 하다. 그렇지만 흥분은 금물이다. 남편에게 당당하게 제 의견을 밝히며 남편을 비판하는 아내를 한씨 여인과 윤지당에게서 보기 때문이다. 뒤에서 다룰 정일당이 남편을 대하는 태도에서도 그 모습은 또렷하다.

삼종지도에 따른다면 어머니가 아들을 받들어 모셔야 한다. 이역시 레토릭 차원에서 회자되지만, 실제 사료에 나타난 선비들의 모습은 다르다. 어머니 앞에서 아들은 그저 아들일 뿐이었다.《정부인 안동 장씨 실기》에 실렸던, 안동 장씨가 아들에게 보낸 편지가 이를 입증한다.

여섯째로부터 네가 술을 많이 마셔 얼굴이 수척해졌다는 소식을 들었다. 그 근심은 알 만하다. 너는 부모의 마음으로 네 마음을 삼아 안정을 취하고 병을 다스리도록 하여라. 부모가 기뻐하는 것이 효도이니라. 배워, 천하의 그릇이 되거라.(《정부인 안동 장씨 실기》,〈아들 휘에게[寄兒 徽逸]〉)

이에 아들이 편지를 보냈다.

엎드려 편지를 받사옵니다. 부모님의 마음을 체득하는 일에 힘쓰고, 천하의 그릇이 되기를 기약합니다. 감히 다시는 절하고 받은 가르침을

욕보이는 일이 없을 것을 기약합니다.(《정부인 안동 장씨 실기》, 〈답장을 보냅니다[附答上書]〉)

어머니는 아들에게 추상같았다. 어머니가 아들을 따른다는 게 조선에서 가당키나 했겠는가? 왕조차도 살아계신 어머니 왕대비의 말을 무시하기 힘들었다. 왕의 몸이어도 아침마다 어머니께 문안 인사를 가야 했고, 어머니의 심기를 살펴야 했다. 중국 유학책에 있는 말이라고 해서, 조선이 그대로 따랐던 것은 아니다. 삼종지도란 말은 공자, 맹자의 생각도 아니다. '사서삼경' 그 어디에도 그런 말은 없다. 전제 정권과 제국주의를 추구했던 한나라 때 편집된 책(《예기禮記》〈교특생郊特牲〉과 《의례儀禮》〈상복전喪服傳〉)에 있는 말일 뿐이다.

강정일당, '여성도 군자가 될 수 있다'

윤지당의 성인군자 정신, 즉 '여성도 군자가 될 수 있고 성인도 될 수 있다'는 생각은 당신만의 생각이 아니었다. 강정일당(1772~1832년) 역시 그렇게 생각했다. 《정일당유고》에는 정일당이 남편에게 보낸 쪽지 글*을 많다. 이를 보면, 남편 윤광연에게 '여성도 성인

---

* 　강정일당, 《정일당유고靜一堂遺稿》 척독尺牘, 〈아울러 당신께 올림[幷上夫子]〉, 1836. 이후 여기서 뽑은 강정일당의 쪽지 글은 따로 출전을 밝히지 않았다.

이 될 수 있다는 말에 대해 어떻게 생각하느냐?'며 다그쳐 물었다.

윤지당은, "내 비록 부녀자이지만 하늘로부터 받은 성품은 애초에 남녀가 다르지 않다"라고 말했지요. 또한 그는 "부인이 되어가지고, 스스로 태임*이 되겠다고 기약하지 않는 사람은 스스로 자신을 버린 자"라고도 했습니다. 그러므로 비록 부녀자일지라도 해야 할 바를 한다면, 거룩한 사람 즉 성인聖人이 될 수 있다고 생각합니다. 당신은 이에 대해 어떻게 생각하시는지요?

정일당의 이런 당당함은 예학을 대하는 그의 주장에서도 여실히 드러났다.

옛날에는 조문할 때 입는 옷이 따로 있었지만, 요사이는 소복을 입습니다. 그러니 반드시 검은 선이 둘러진 채색 띠를 맨 옷, 즉 심의를 입고서 조문하실 필요는 없습니다. 강재 선생이 심의를 입고 조문하게 하신 것은 아마도 온당하지 못한 가르침인 듯합니다.

---

* 윤지당의 '지摯'는 태임의 나라인 지摯에서 왔다. 태임은 하늘 뜻을 품은 자식을 낳겠다는 포부를 갖고 아이를 밴 뒤 태교 때부터 마음을 썼다. 그렇게 낳아 기른 아들이 바로 주나라 문명을 만들었던 문왕이다. 맥락은 다르지만 동아시아 문명에서의 '태임'은 서양 문명에서 예수를 낳은 '마리아'에 빗댈 수 있다고 하겠다.

강재 선생이 누군데, 한 아녀자(?)의 붓끝에서 이렇듯 비판의 대상이 된단 말인가? 강재 선생은 놀랍게도 송시열宋時烈의 6대손 송치규(1759~1838년)다. 그는 김장생과 송시열의 예학을 이어받고 많은 제자를 두어 당대의 거유(뭇사람의 존경을 받는 이름난 유학자)로 인정받던 분이다. 게다가 송치규는 남편의 스승이었다. 정일당은 이런 사람이 말한 예법을 당당히 비판하며 '요즘 법도대로 하면 된다'고 힐난했다. 조선은 정녕 그래도 되었던가? 진리 앞에서 이름 석 자, 남녀 차이는 의미 없다고 여겼던 게 조선의 지식인이었다.

이렇게 비판을 받은 송치규는 어떤 태도를 취했을까? 당장 그가 어떻게 반응했는지는 자료가 없으므로 알 수 없다. 하지만 정일당이 죽고 4년 뒤에 낸《정일당유고》에 '송치규'가 발문(책의 끝에 본문 내용의 대강이나 간행 배경을 간략히 적은 글)을 썼다. 자기의 학설을 비판한 글이 버젓이 실려 있는데도, 그 책에 발문을 썼다. 비판한 정일당도, 비판을 비판대로 받아들인 송치규도 아름답지 않은가?《정일당유고》엔 강재 선생의 예법을 비판한 글 말고도, 당시 예법의 구체적인 실태에 대해 비판하거나 허용을 밝힌 게 몇 편 더 있다.

강정일당, 감히 남편을 매섭게 나무라다

앞에서 우리는 정일당이 자기 주장의 근거를 여성 유학자 윤지당에게서 찾고, 그것에 대해 어떻게 생각하느냐고 남편에게 당당하게 물은 것을 보았다. 조선 시대 여성이 남편에게 감히 그럴 수 있었을까? 다음 몇 편을 읽어 보고서 여러분 스스로 판단해 보길 바란다.

무슨 일로 갑자기 그 사람을 질책하셨습니까? 혹시 적절함을 넘은 질책이라고 생각지 않으신지요? 목소리와 얼굴빛 그리고 말씨는 군자에게 중요한 것이니, 마땅히 애써야 할 지점입니다. 시경에서도 '다사롭고 공손한 사람은 덕이 머무는 터전일세'라고 하였습니다. 당신이 다른 사람을 질책할 때 온화한 기색이 부족해 감히 우러러 아룁니다.

아내가 남편에게 '우러러 아뢴다'고 말은 했지만, 실상은 매섭게 나무라고 있지 않은가? 남편을 향해 언행일치도 모르는 사람이라며 추상처럼 내리쳤다, 정일당은!

당신은 그(익재 황윤종)가 어려서부터 술집에 드나들지 않는다며, 그 선비의 절도를 칭찬했습니다. 그런데 당신은 모씨의 술집에 자주 앉아 있습니다. 말과 행실이 일치해야 한다는 것에 어긋나는 듯합니다. 언행일치에 다시 힘쓰시기를 바랍니다.

정일당의 생각을 더 살펴보자.

모씨는 부자인데 술 석 잔을 드린 것은 지나친 일이 아닌지요? 영원
(참판 윤행직)은 늙은이입니다. 탕이든 국이든 대접하지 못했는데 잘못
한 듯합니다. 이것은 비록 사소한 일이지만 헤아려 처신하지 않을 수 없
는 일입니다.

당신과 함께 한 사람 가운데 시종일관한 사람이 많지 않습니다. 이것은
다른 사람을 허물할 게 아니라 응당 자신에게서 찾아야 합니다. 만약 내
말에 진실과 신의가 없고, 내 행동에 돈독함과 공경함이 없어서 나에게
수양한 실상이 없다면, 다른 사람을 비판할 겨를이 어디에 있겠습니까?

이쯤 되면 자식 다루듯 한다고 말하는 게 맞지 않을까? 그런데
윗글은 안해[*]가 죽은 지 4년에 남편이 간행한 《정일당유고》에 들어
있다. 안해가 남편인 자신을 꾸짖는 편지도 조선의 남정네는 잘 모
아 책으로 간행해 '영원히' 남긴 것이다. 안해의 비판을 비난으로
여기지 않고, 마땅한 비판이고 꾸지람이라 여겼기에 그랬을 것이
다. 남편이 안해를 무척 불편해하고 갑갑해했을 것 같지만 남편은
그렇게 여기지 않았다. 바라보는 눈길은 존경 그 자체였다.

---

[*] 정지용의 시 '향수'에서도 아내를 '안해'라 하였고, 김성동 작가의 할아버지가 남긴 천자
문에도 '안해'로 되어 있다. 북한도 '안해'로 쓴다. '안해' 얼마나 좋은 낱말인가. '해 품은
달'은 원래 우리말 안해다.

윤광연은 당시 선비들에게 신망을 받고 있던 이직보(1738~1811년)에게 아내 정일당의 시를 보여준 일이 있었다. 그 시를 본 이직보가 크게 칭찬하였고 이것이 계기가 되어, 정일당의 문명이 다른 선비들에게도 많이 알려지게 되었다.[*]

이때(1799년) 정일당은 스물여덟이고, 윤광연은 스물둘이었다. 조선 시대에 남편이 안해의 시를 다른 사람에게 보인다는 게 말이 되느냐고 할 사람이 있을지 모르겠다. 전혀 문제가 되지 않았다. 그렇게 생각하고 있는 이 시대의 우리가 문제다. 《미암일기》로 유명한 대학자 유희춘(1513~1577년)도 안해 송덕봉의 시를 그의 일기^{**}에 수십 편 옮겨놓았다.

심지어 윤광연은 자신에게 청탁이 들어온 글을 안해에게 짓게도 했다. 그러고는 안해가 자신을 대신해 지었다는 것도 밝혔다. 안해에게 떠넘긴 게 가벼운 글이겠거니 하겠지만, 가벼운 글은 청탁도 들어오지 않는다. 조선인들에게 가장 묵직하고 중요한 글은 묘지명과 행장이다. 그 사람의 삶에 대한 평가를 내리는 글이기 때문이다. 그래서 묘지명과 행장은 잘 써달라고도 하지 않았고, 써주려고

*   김미란 지음, 《조선시대 양반가 여성의 생애와 풍속》, 평민사, 2016, 173쪽.
** 당시 '일기'는 공적으로 알려지는 것을 염두하고 썼다.

도 하지 않았다. 이렇게 엄중한 글도 정일당이 남편을 대신해 지었다. '선조 영은공의 묘를 만든 기록', '(윤광연의) 돌아가신 외할머니의 사적', '유인 김씨 묘지명', '공인 이씨 행장', '무심옹 홍사호공을 제사하는 글' 등 많다. 여인이 쓴 글이라는 것을 알면서도, 사람들은 그것을 묘지명으로 삼았을까? 그랬다. 결코 여인의 글이라고 배척하지 않았다. 조선의 여인들에 대한 우리의 고정관념을 조금은 바꿔야하지 않을까?

정일당이 남편 윤광연을 대하는 태도엔 또 다른 면도 있었다. 그는 남편을 존중했다.

가르치는 학생 집에서 음식을 바쳐오면 저는 반드시 당신께 아뢴 후에 그것을 받거나 물리쳤습니다. 근래 여쭙지 않고 두 번 받았는데, 김원백이 가져온 안경과 황의경이 가져온 고기입니다. 두 학생 모두 어려서부터 와서 배웠고, 김원백은 (선생님이) 눈이 어두운 것을 진정 마음 아파했고, 황의경은 (선생님 집에) 반찬이 없는 것을 진정 민망히 여겼을 뿐더러 어버이의 명으로 가져왔습니다. 모두 정이 담긴 선물입니다. 당신께서도 물리치지 않을 듯해서 미처 아뢰지 않고 받았는데, 어떠신지요?

안해 정일당은 남편에게 정겹고 유머러스하기도 했다. 옷 벗기를 귀찮아하는 남편의 옷을 벗기는 장면은 애정만큼 재치가 넘친다.

문중자[*]의 옷은 검소하고 깨끗했습니다. 지금 당신의 옷은 검소하기는 합니다만, 깨끗하지는 않습니다. 검소한 것은 당신의 덕이지만, 더러운데 빨지 않고, 뜯어졌는데 깁지 않은 것은 제가 부덕한 탓입니다. 삼가 잿물을 풀고, 바늘에 실을 꿰고 기다리니, 옷을 벗어주시길 감히 청합니다.

강정일당, 가난하지만 올바르고 아름다운 삶
게다가 정일당의 삶은 참으로 아름다웠다.

오늘 아침 한 노파가 한 말쯤 되는 쌀과 근쯤 나가는 고기를 가져왔습니다. 가져온 까닭을 물었더니, 노파가 대답했습니다. "저번에 교외에 나갔다가 무뢰배에게 봉변을 당하고 있는데, 마침 댁의 어르신께서 지나가시기에 어르신의 말 앞에 나아가 울며 호소했지요. 어르신께서 무뢰한을 엄히 꾸짖어 곤욕을 면하게 되어, 감사함이 깊어 이렇게 표시라도 하려고 합니다."

그런 말을 하고 있을 때, 바깥사랑채에 손님이 있다는 소리를 들은지라 번거롭게 말씀을 올리지 않고 가져온 것을 그냥 돌려주려 하였습니다. 그러자 노파가 굳이 고집하며 말을 들으려 하지 않아, 그에게 말했지요. "제 남편은 곡식이 떨어진지 이레가 되었는데도, 천금이나 되는 재물

---

[*] 중국 수나라 학자 왕통으로《소학》에 나온다.

을 거절한 적이 있는데, 오늘 어떻게 당신이 가져온 것을 받겠소."

그러자 노파는 탄식하며 쌀과 고기를 되가져갔습니다. 그 분이 비록 성의 다 하느라 가져왔지만, 내가 만약 그것을 받는다면 은혜를 판 격이 될 겁니다. 그래서 일을 그렇게 했는데, 어떠신지요?

잘살아서 이렇게 할 수 있었다고 여길지 모르겠다. 그러나 정말 이지 이 부부는 너무도 가난했다. 물려받은 게 하나도 없었다. 남편은 어린애들을 가르치는 서당 선생을 하고, 안해는 돈벌이 길쌈과 삯바느질을 밤낮없이 했다. 살림은 늘 팍팍했다.

불을 때지 못한 지 오늘로 사흘째입니다. 글을 배우러 오는 아이가 호박 넝쿨을 가져왔는데, 주먹만 한 호박이 몇 개 달려 있어 국을 끓였습니다. 한 잔의 술을 구하려 했으나 구하지 못해 국만 올립니다. 황송하고 한탄스러움을 이기지 못하겠습니다.

형편이 이랬는데도 부부는 선물 받는 것에서조차 올바름을 따졌다.

지난번 과거를 보러 서울로 오는 길에, 당신의 이름을 들었던 유생들 열 남짓이 예를 갖추고 선물을 가져왔습니다. 당신은 굳게 사양하고 받지 않았습니다. 과연 잘 한 일입니다. 한편으로 내가 그 사람에게 덕을 베 푼 게 없는데 큰 선물을 받는 게 옳지 않기 때문이고, 다른 편으론 선물을 가져온 뜻이 어디에 있는지 알지 못하기 때문입니다.

달포 전에 근진이가 동산에서 밤을 주어 큰 것만 골라 한 되쯤 챙기 고, 또 고기 몇 조각을 싸 가져왔습니다. 오늘 꺼내어 보니 밤은 반쯤 쥐 가 슬었고, 고기는 상해 있었습니다. 발라내고 물로 씻은 뒤 화롯불에 굽고, 종이 판 돈 두 냥으로 술을 사서 데워 올립니다. 자그마한 것이지 만, 얼마나 힘든 사람에게서 왔는가를 잊지 마시고, 허기가 조금 가시거 든 바로 책을 펼쳐 시간을 허비하지 않길 엎드려 천만번 비옵니다.

공부해 빨리 과거에 합격하라고 다그친 것일까? 그런 것 같지 않 다. 과거에 대해선 한 마디 언급도 없다. 단지 그 자신과 함께 남편 도 성인군자가 되는 길을 걷길 바랐을 뿐이다.

가난은 선비에게 주어진 몫이고 검소함은 존재의 근본입니다. 가난 함에도 편안하여 근본을 지키고, 내가 좋아하는 바 도의 길을 걷는다면 이보다 더 큰 즐거움은 없습니다. 정승의 귀함도, 만석지기의 부라 하더 라도 진실로 도에 합당하게 얻는 것이 아니라면 아예 생각지 마십시오. 스승인 공자가 "의롭지 않은 돈과 권력은 나에겐 뜬구름과 같다"라고 말씀하지 않았습니까?

어짊[인仁]을 통해 중정中正한 도를 세우면 성인이 되고 현인이 될 수 있으니 누가 그것을 막을 수 있겠습니까? 성현도 장부이고 나도 장부입니다. 무엇이 두렵단 말입니까? 만번 애원하니 당신은 날로 덕을 새롭게 하여 반드시 성현이 될 것을 기약하시길 바랍니다.

여기 옥이 있는데 사람들이 그걸 돌이라 불러도 옥은 옥일 뿐이고, 여기 돌이 있는데 사람들이 그걸 옥이라 불러도 돌은 돌일 뿐입니다. 당신은 실제로 덕에 힘쓰셔서 위로는 하늘에 부끄럽지 않고, 아래로는 땅에 부끄럽지 않길 바랍니다. 다른 사람이 알아주고 안 알아주고는 마음에 두지 마십시오.

안해 정일당이 죽자, 남편 윤광연은 죽은 안해에게 글을 남겼다.

아, 이 얼마나 슬픈 일인가. 내 아내가 죽다니! 공부하다가 의심나는 것이 있으면 누가 내 의심을 풀어줄 것이며, 내게 하고자 하는 일이 있으면 누가 그것을 이루어줄 것이며, 내게 잘못이 있으면 누가 나를 바로

잡아주겠소.[*]

정일당에게선 고매한 인격이 배어나왔다. 남편이 그것을 보증했다.

> 부부지간이지만, [당신은] 엄숙해서 마치 존귀한 스승 같았습니다.
> …… 당신과 마주하고 앉아 있을 때는 신명을 마주하는 듯했고, 당신
> 과 말을 나눌 때는 내 눈은 멀었었구나 하는 느낌이 들었습니다.(윤광
> 연, 〈죽은 아내 강씨를 위한 제문〉)

강정일당의 마음 공부

정일당이 이토록 큰 인격과 지성을 갖출 수 있었던 것은 인격 수
양을 업으로 삼았기 때문이다. 경전만이 아니라 바느질도 그에겐
정일한 마음닦기 수련이었다.

> 바늘을 들고서 '여기서부터 저기까지 전일한 마음 상태로 바느질하
> 리라' 다짐하고서 바느질을 하곤 했다.(박무영 외, 282쪽)

서당 아이들이 노는 놀이에서도 정일당은 마음닦기 수련을 했다.

---

[*]　윤광연,《정일당유고》부록, 〈죽은 아내 강씨를 위한 제문[祭亡室孺人姜氏文]〉.

서당 아이들이 두레박을 치며 놀고 있었다. 아이들의 말이 흐름 속에 있지 않고, 절도도 없었다. 정일당이 말했다. '그 소리가 고르게 나게 해봐라.' 그러고는 자기 마음이 잡히고 놓이는 경지를 실험했다.(박무영 외, 282쪽)

음식 만들기도 그에겐 마음닦기 수련이었다. 그가 뒷사람들에게 남겨준 조리법은 단순히 요리 방법을 알려주는 책이 아니었다. 수련 목록 중 하나였다. 조리법을 기록한 글씨만 쳐다봐도 그것을 느낄 수 있다. 음식 만들기, 바느질, 경전 읽기는 모두 그의 마음공부였다.

음식은 정갈했고, 바느질은 정일했습니다. 이럴 수 있었던 것은 재주를 타고나서이기도 하지만, 경전공부에서 얻은 내공에 힘입은 바 또한 컸습니다. 또한 당신은 마음을 확고하게 다잡아 지켜, 당신의 행동 하나하나가 모범이 되었습니다.(윤광연, 〈죽은 아내 강씨를 위한 제문〉)

정일당에게서 우리는 진정으로 안빈낙도安貧樂道 하는 도인의 향기를 느낄 수 있다. 거기엔 조금의 허위의식도 끼어 있지 않다. 밥을 굶어야 할 정도로 가난한 살림이었지만, 가난에 그 자신을 잃지 않았다. 사흘을 굶은 상태에서도 나흘 굶은 학생이 보였다. 맹물 마시고 이 쑤시는 허풍이 아니었다. 그는 밤새워 삯바느질을 해 식량을 마련했다. 그러면서도 거룩한 사람, 성인되기를 잠시도 제쳐 두지 않았다.

부부유별은 성차별이 아니라 서로 손님처럼 대하라는 말

정일당과 윤광연 사이의 모습이 너무 낯설다고 느끼는 사람이 많으리라. 남편에게 꼼짝도 못하는 조선 여인들에 관한 풍문이 귀에 쟁쟁할 테니 말이다. 그러면서 '부부유별夫婦有別'의 성차별을 들 것이다. 부부유별은 성차별을 승인하고, 조장하는 말이 아니다. 차이에 대한 존중이다. 꼬맹이들이 읽었던 《사자소학》에 다음과 같은 글이 있다.

'부부는 구별이 있으니, 서로 손님처럼 공경하여라.'[부부유별夫婦有別 상경여빈相敬如賓]

'서로 손님처럼 대하는 것'보다 더 상대편을 존중하는 인간관계가 있을까? 정일당과 윤광연의 부부 생활을 이끌었던 것은 꼬맹이 때부터 익히 알고 있던 그 글귀였다. 딱 그 모습이었다. 이 부부만의 모습이라고 여길 수도 있다.

조언하고 나무라고 관철시키고

안해가 남편에게 당당하게 조언하고, 나무라는 장면을 옛 자료는 여기저기서 보여준다. 민정중[*]이 아내 평산 신씨(1627~1646년)를 두고 한 말이 있다.

나, 민정중이 잘못하면 당신은 반드시 정색하고서 말했지요. "자신을 가벼이 놀리지 마십시오." 부모님을 뵈러 가다가 말에서 떨어진 적이 있었는데, 당신이 편지를 써 보내 "당신이 행동을 삼가지 않아 말에서 떨어져 다쳤습니다. 과연 누구의 잘못입니까?"라며 꾸짖었지요.

또 한 번은 과거시험을 보고 와서, "오늘 시험에 아는 게 없었으니 떨어질 게 분명하다"고 말하자 당신이 곧바로 말했지요. "소년이 과거시험에 마음을 두는 것은 이미 원대한 뜻이 없는 겁니다. 하물며 합격 불합격에 마음이 혼란된다면 더 말해 무엇하겠습니까."[**]

이번엔 안해가 남편의 뜻을 꺾으면서까지 자신의 뜻을 관철한 경우이다.

---

[*]   인조, 숙종 시대를 살았던 민정중(1628~1692년)은 송시열의 문인이며 좌의정을 지냈다.

[**]   민정중閔鼎重,《노봉집老峯集》 9권, 〈죽은 아내 정부인 신씨 행장[亡室 贈貞夫人申氏行狀]〉, 1734.

어느 해인가 심한 기근이 들었다. 집안 조카가 기근에 못 이기어 선대로부터 물려받은 땅 중 일부를 팔려고 했다. 조형중은 '선대로부터 물려받은 재산은 종손만이 처분할 수 있으니 다른 후손들이 멋대로 팔면 안 된다'라고 하면서 팔지 못하게 했다.

그러나 조형중의 부인 윤씨는 생각이 달랐다. 그는 남편에게 '자손이 굶어 죽을 처지에 놓여 있는데 조상의 전답을 팔지 않으면 어떻게 살 수 있겠습니까?'라고 하면서, 그 집안 조카가 땅을 팔아 생계를 이어갈 수 있도록 조치했다.(김미란, 109쪽)

윗글은 아들 조익(1579~1655년)이 어머니와 아버지 사이에서 있었던 일을 기록한 것이다. 조선 성리학을 고리타분한 것으로만 여기는 사람은 아들 조익이 어머니가 아버지 말을 안 들었다며 힐난할 것이라 여길 것이다. 조익은 그러지 않았다. 그는 어머니의 일처리를 두둔하며 '재물을 가볍게 여기고 빈궁한 자를 불쌍히 여긴 것'이라며 어머니를 앞세웠다.

이이와 성혼의 성리학을 이은 학자이며 예학禮學에도 밝았던 조익인데, 그렇게 판단했다. 조익이 그렇게 말한 것은 안해(어머니)가 성리학의 본질을 밝히고 있는 반면, 남편(아버지)은 성리학의 비본질적인 것에 매달려 있다고 여겼기 때문이다. 어려운 처지에 있는 사람을 돌보는 게 측은지심이고, 성리학의 본질이다.

조익이 아버지를 싫어해서 그랬을까? 조익은 병자호란(1636년) 당시 예조판서로서 인조를 호종해야 했으나, 당시 실종된 아버지를 찾기 위해 호종하지 못한 죄로 처벌받은 사람이다. 어쩌다 눈에 띄는 일화라 생각할지 모르겠다. 하지만 여성들이 남편의 생활에 간여하고 조언하며 가정을 이끌어간 여러 양상들을 옛 자료에서 확인할 수 있다(김미란, 107쪽)고 말하고 있다.

첩질에 아무 말도 못했다고?

조선 시대엔 남편이 마음대로 첩을 얻고, 기생과 밤을 지내도 안 해는 아무 소리도 못한 줄 아는 사람이 많다. 정말 그랬을까? 송덕봉이 남편 유희춘(1513~1577년)*에게 보낸 편지에 재미있는 내용을 담고 있는 게 있다. 먼 곳에서 벼슬살이를 하느라 부부가 떨어져 지냈는데, 남편이 그 동안에 다른 여자, 아마도 기생과 관계하지 않았다고 자랑한 편지를 안해에게 보낸 듯하다. 편지를 받아든 안해의 편지가 남아 있다. 여러 가지 느낌을 자아내는 편지이다. 이 편지는 남편 유희춘의 문집에 실려 있다는 것도 염두하고 읽으면, 그 맛이 또 다르다.

---

* 유희춘은 《미암일기》로 유명하다. 왕명으로 경서經書를 우리말로 옮기는 일에 참여해 《대학》을 완성하고, 《논어》를 주해하다가 죽은 대학자다. 《주자어류전해朱子語類箋解》 등 많은 책을 지었다.

엎드려 편지를 받사옵니다. …… 군자가 행실을 닦고 마음을 다스림은 성현의 밝은 가르침에 근거한다고 들었습니다. 어찌 아녀자를 위해 억지로 하는 일이겠습니까? …… 서너달 혼자 잔 것을 가지고, 고결하고 덕이 있는 것 같은 낯빛이시니, 당신은 결코 담담하고 욕심이 없는 사람은 아니네요. 고요하고 깨끗 담백하여 밖으로는 화려함을 끊고, 안으로는 사사로운 잡념을 끊으신다면, 어찌 꼭 편지를 보내 자기 자랑을 한 뒤에야 그것을 알아주겠습니까? 곁에는 당신을 알아주는 벗이 있고, 아래로는 가족과 친척 노복이 있습니다. 여러 눈이 보는 바이고, 공론은 스스로 일어나는 것이니, 힘들여 편지를 보낼 필요가 없었을 겁니다. 이 일로 보건데, 아마도 당신은 당신 자신이 아니라 외부의 인정을 받으려고 인의를 하는 폐단이 있는 듯합니다. 또한 다른 사람이 알아주기를 급급해하는 병통이 있는 듯합니다. 못난 아내가 근심이 되어 사사로이 살펴보니, 의심과 걱정이 한이 없습니다. …… 송씨 백[*]

남편이 다른 여자를 가까이 하지 않는 게 무슨 자랑거리냐며 남편을 심하게 면박주고 있다. 그것은 당연한 일이고, '성현의 밝은 가르침'이라고 안해는 남편을 꾸짖었다.

남편이 다른 여자를 가까이 할 때, 질투한다는 인상을 안 주면서

---

[*] 《미암선생집眉巖先生集》권7, 〈日記〉, 선조 4년 6월 12일.

도 강하게 제지하는 말을 한 경우도 있다. 이상정(1711~1781년)[*]의 안해인 장수 황씨(1706~1767년)가 그 경우이다. 남편 이상정이 남긴 말을 들어 보자.

내가 젊었을 때 여인을 부정하게 가까이 한 적이 있었습니다. 부인은 처음에는 모른 체하더니만, 이내 차분한 어조로 말했지요. "사내가 어린 시절에 이런 일을 하는 건 괴이하다고는 할 수 없겠지요. 다만 위의를 잃어, 군자의 허물이 될까 두렵습니다. 만약 마음이 그 여인에게 있다면, 어찌하여 방 한 칸을 따로 마련해 그 여인으로 하여금 수발을 들게 하시지 않는단 말입니까?" 그 말을 듣자 나는 참으로 부끄러워졌다. 감히 다시는 그처럼 창피스런 일을 할 수가 없었다. 지금에 이르도록 내가 깊은 구덩이에 빠지지 않은 것은 다 부인의 도움 덕분이다.[**]

'조선에서 첩 두는 게 뭐 특별한 것도 아닌데'라고 말할지 모르겠다. 하지만 16세기 여성으로 추측되는 신천 강씨가 딸에게 보낸 편지를 보면, 첩을 두는 게 일반적이지 않았다는 걸 알 수 있다.

---

[*]   이황을 사숙한 이현일·이재를 이은 영남학파의 중추적 인물이다. 이재는 그의 외할아버지이다.

[**]   이상정李象靖, 《대산집大山集》 제46권, 〈죽은 아내를 위한 제문祭亡室淑人黃氏文〉, 1802.

재상 자리 사람도 첩이 없는 사람이 많은데, 예순에 맨 끝 찰방 된 사람이 호화하여 첩을 얻으니, 그 애달픈 노여움을 어디다 풀겠느냐?[*]

사대부의 이혼은 왕의 허락을 받아야

칠거지악을 들먹이며, 조선 시대엔 남편이 안해를 마음대로 내쫓고 새로 안해를 얻을 수 있었다고 말하는 사람이 있는데, 전혀 그렇지 않다. 안해를 내쫓는 것은 문제가 되었고, 이혼은 거의 불가능했다. 사대부가 이혼하려면 왕의 허락을 받아야 했는데, 왕은 약자에게 측은지심을 가져야 했다. 그래서 이혼은 거의 허락되지 않았다.

본처를 소박하거나 내쫓는 경우에는 벼슬아치라도 가차없는 처벌을 받았다.《조선왕조실록》을 보면 본처를 소박하다가 파직된 벼슬아치들의 사례가 많이 보이는데, 이런 사례들을 보면 흔히 생각하는 칠거지악에 따라 본처를 쉽게 버릴 수 있었다는 생각은 매우 잘못된 것이다.[**]

결혼 뒤, 친정살이는 일반적

결혼하면 삼 년은 귀머거리로 또 삼 년은 반벙어리로 살아야 한

---

[*] 이숙인, '소통으로 뜻을 이룬 신천 강씨', 한겨레신문 2018년 7월 5일.

[**] 한영우 지음,《과거, 출세의 사다리》, 지식산업사, 2013, 54쪽.

다는 말이 있다. 이 말은 얼마나 실상을 담고 있을까?

숙희는 혼인한 지 3년 만인 1564년(명종 16년)에 처음으로 시가 어른에게 인사했다. 하지만 이것도 부부가 한양 시가집을 방문한 게 아니라 시아버지 정언규가 경상도 경산 수령으로 부임하자 그때야 비로소 찾아가 얼굴을 뵈었다. 숙희는 경산에 한 달 정도 머물다가 집으로 되돌아왔고, 이후에도 가끔씩 경산을 다시 찾았다.[*]

이런데 언제 시집살이를 했겠는가? 결혼한 뒤에도 '친정'에서 몇년씩 머무는 게 일반적이었다. 앞에서 봤던 유희춘도 아내의 고향 담양에서 살았고, 율곡 이이의 어머니 신사임당은 결혼 이후에도 거의 친정집에서 지냈고, 17세기 후반에 살았던 박세당도 처가살이를 했고, 18세기 말에 살았던 강정일당도 삼 년이 지나서야 시댁으로 들어갔다.

시집가면 친정 가기가 힘들었다는 소리도 의심스럽기는 마찬가지다. 안동 장씨의 아들 이현일이 한 말을 들어보자.

어머니는 외가가 200리 떨어져 있었지만, 일 년에 한 번씩 꼭 친정 부

---

[*]   정해은, 《조선의 여성, 역사가 다시 말하다》, 너머북스, 2011, 59~60쪽.

모님을 찾아뵈었고, 외할머니가 돌아가셨을 땐 외할아버지가 다시 외
할머니를 맞이할 때까지 외가에 머물렀다.(박무영 외, 181쪽)

나아가 우리 고전 문학 연구자들은 여성 관련 자료들로 살펴볼 때,
17세기에는 시집간 여성의 친정 교류가 흔해 보이며 이런 경향은 18
세기에도 이어졌던 것으로 보인다(박무영 외, 181쪽)고 말하고 있다.
　조선의 여인은 한번 시집가면 출가외인이어서 친정과 무관하게
살았다는 풍문은 얼마나 미더운 걸까? 물론 그런 말은 있다. 하지
만 그 말이 레토릭 차원에서 이야기된 것과 실제로 어떠했는가는
구별해야 한다. 정일당이 쓴 〈유인 김씨 묘지명〉을 보면, 딸이 친정
어머니를 모시고 산 게 나온다.

　친정어머니는 나이가 많고 가난하며 혼자되신 부인이셨다. 유인 김
씨를 의지하고 살았다. 유인 김씨는 어머니를 받들어 봉양을 극진이 했
으니, 돌아가셔도 유감이 없을 정도로 극진했다.

심지어는 친어머니도 아닌 친정의 서모庶母(아버지의 첩)를 모시
고 산 경우도 있다. 역시 정일당이 쓴 〈공인 이씨 행장〉에 있다.

　(공인 이씨는) 어버이에게 불효한 자를 보면 '사람이 어찌 반포지효를

하는 금수만도 못하단 말인가' 하며 탄식하셨다. 시부모님이 돌아가시자, 의탁할 곳이 없는 서모庶母를 모셔와 봉양하자고 남편에게 청했다. (남편이 좋다고 해) 모셔와 함께 살았는데, 돌아가실 때까지 스무 해를 그리 하였다.

정일당에 따르면, 경직된 예법禮法이 판쳤다고 여겨지는 그가 살았던(1772~1832년) 때조차도 친정 부모님을 모시고 산 경우가 있었다. 그런데 그의 글을 보면 이게 효성스러운 일이기는 하지만, 그렇다고 특별한 일이라는 느낌은 들지 않는다. 효성스런 사람의 일반적인 행위처럼 표현하고 있다. 출가외인이라는 이데올로기가 전혀 느껴지지 않는다.

한문으로도 한 경지를 이룬 조선의 여성들

학문과 문장, 문학과 예술에서 한 경지를 이룬 분들이 조선 여성사엔 여럿이다. 조선의 여인들이 한문을 몰랐다는 풍문이 하도 퍼져 있으니까, 한글로 이름을 얻은 분들은 놔두고, 한문으로 한 경지를 보여준 분들만 예로 들어 보겠다.

유학자 임윤지당, 강정일당, 이사주당, 홍유한당, 또 시인 허난설헌, 황진이, 이옥봉, 매창, 신사임당, 김호연재, 서영수합, 신부용당, 그리고 수필문학에서는 남평조씨, 김금원, 남의유당이 있으며 문장가 안동 장씨, 김청한당, 황정정당, 김삼의당이 있다. 이들은 모두 한문으로 지은 작품이나 저서가 있다. 이 사람들 말고도 조선의 지식인 세계를 풍성하게 했던 여인은 많지만, 위에서 든 사람은 모두 논문 주제의 대상이 될 정도의 인물들이고, 실제로 그들의 학문과 문학 세계가 논문으로 착착 밝혀지고 있다.

한문으로 저술을 했다는 것은 서양으로 치면 라틴어나 그리스어로 저술한 셈이다. 서양의 여성 가운데 라틴어나 그리스어로 글을 쓴 사람을 찾기는 쉽지 않은 걸로 안다. 유럽의 어느 한 나라에서가 아니라 유럽 전체를 통틀어서도 그렇다고 알고 있다. 서양인들은 학문을 라틴어나 고대 그리스어로 했다. 이 언어를 통달하지 못했다는 것은 학문 활동과는 거리가 멀었다는 소리이다. 그들은 라틴어나 그리스어는 아니지만 그들이 쓰는 말로 저술했다고 할 사람이 있으리라. 물론 서양에 그런 여성이 있다. 그런 점에서도 조선의 여성들이 결코 밀리지 않는다. 조선의 여인들 가운데 우리글인 한글로 자기생각을 표현한 사람은 정말 많다.

시와 학문에서도, 그림·글씨·음악 등 예술에서도, 생활과 가계의 경영에서도, 조선의 여인들은 빼어난 봉우리를 보여주었다. 조선의 여인들이 인문 세계의 꽃을 피워 내고 열매를 맺던 그 시기에, 양적이고 질적인 측면에서, 조선의 여인들에 어깨를 맞댈 수 있는 여인이 존재했던 나라가 서유럽에 있기나 했을까? 서유럽 전체가 아니라면, 서유럽 가운데 한 나라만을 조선에 맞댄다면, 그 어느 나라도 쉬 맞대지지 않을 것이다.

마지막으로, 가슴 아픈 사랑 편지를 읽고 이번 마디를 맺으려 한다.

자네 항상 내게 이르되, '둘이 머리 세도록 살다가 함께 죽자' 하시더니, 어찌하여 나를 두고 자네 먼저 가시는가?

나하고 자식은 누구에게 기대어 어찌하여 살라 하고, 다 던지고 자네 먼저 가시는가?

자네가 날 향해 마음을 어떻게 가졌으며, 나는 자네 향해 마음을 어떻게 가졌던가?

매양 자네에게 내 이르되, 함께 누워서, "이보소. 남도 우리같이 서로 어여삐 여기고, 사랑하는 사람, 남도 우리 같은가?" 하고 자네에게 일렀는데, 어찌 그런 일을 생각지 아니하고 나를 버리고 먼저 가시는가?

자네 여의고 아무래도 내 살 힘이 없으니, 쉬 자네한테 가고자 하니 날 데려가소.

자네 향해 마음을 이승에서 잊을 방법이 없으니, 아무래도 서러운 뜻이 그지없으니, 이 내 속은 어디다가 두고 자식 데리고 자네를 그리워하며 살려고 하겠는가.

이 내 편지 보시고 내 꿈에 자세히 와 이르소.

내 꿈에 이 편지 보신 말 자세히 듣고자 하여 이리 써서 넣네.

자세히 보시고 내게 이르소.[*]

　남편이 안해에게 쓴 편지가 아니다. 안해가 남편에게 쓴 편지다. 제목에 따르면, 원이 엄마가 원이 아빠에게 보낸 편지다. 이 글은 이응태(1556~1586년)의 안해 원이 엄마가 남편이 먼저 죽자, 그 안타까움을 담아 한글로 쓴 간찰이다. 1998년 안동시 정상동에 있는 이응태의 묘를 이장하며 발견되었다.

　말투를 보라. 약간 어려운 벗에게 하는 말투다. 그런데 요즘 사람들이 읽기 쉽게 하겠다는 마음에서, 이 편지를 요즘 말로 옮긴 게 있다. 그 글에선 원래의 편지에 서려있던 느낌이 절반은 사라져 버렸다. 그 글에는 '하셨지요', '가십니까' 등 아내가 남편에게 극존칭을 쓰고 있다. 남편과 아내의 상하 관계가 스며들어간 말투의 번역이다. 요즘에도 이 정도는 아니다. 아마도 1960~1970년대 남편이 아내를 가장 하대했을 시기에, 아내가 남편에게 한 말투라고 해야 할 듯하다. 옛날에는 남편이 아내 보고, '임자'라고 불렀다. '주인'이란 뜻이다. 말도 원래 편지에서 보듯 '하겠는가', '이르소'처럼 하소체를 썼다. 언제부터 해라체로 바뀌었는지는 모르겠지만, 조선 시대 선비들은 그러지 않았다.

[*]　정해은, 《조선의 여성, 역사가 다시 말하다》, 너머북스, 2011, 63~64쪽.

받을 수 없는 편지인데, 편지 곁엔 또 다른 뭉클한 것이 놓여 있었다. 여인의 머리칼과 삼을 섞어 꼬아 만든 미투리가 있었다. 조선판 '사랑과 영혼' 그대로였다. 하여 뮤지컬로, 연극으로도 만들어졌다.

김시습과 그의 시대 연보

1435년 1세 세종 17년에 서울 성균관 북쪽에서 김시습 태어남

1437년 3세 시詩의 구절을 짓기 시작함

1439년 5세 《대학》등을 배우기 시작하고, 세종대왕에게
'시 짓기' 능력을 인정받음

1443년 9세 조선 훈민정음을 창제함

1449년 15세 김시습의 어머니 돌아가심
오이라트가 토목에서 명나라 영종을 포로로 잡음(토목의 변)

1450년 16세 세종 돌아가심, 문종 즉위

1452년 18세 문종 돌아가심, 단종 즉위

1453년 19세 수양대군 계유정난을 일으킴
동로마가 오스만 투르크에게 멸망당함
프랑스와 영국 간의 100년전쟁(1337~1453년)이 끝남

1456년 22세 단종 복위 사건으로 사육신 처형당함

1458년 24세 동학사에서 조상치 등과 함께 단종을 제사지내고
〈제초혼각사〉를 지음

1459년 25세 이때부터 1465년까지 관동, 관서, 호남 등을 유람하고
《유호남록》등을 지음

1465년 31세 경주로 내려가 금오산실을 짓고 정착함

1465~1468년 금오산실에 머무르며《금오신화》를 지은 듯함

1467년 33세 일본 오닌의 난으로 전국시대(1467~1590년) 시작

1469년 35세 세조 돌아가심, 성종 즉위

1472년 38세 벼슬할 생각으로 유학 책을 다시 익히고,

　　　　　　 도봉산 밑에 임시 거처를 마련함

1473년 39세 수락산 밑에 살며 제자들과 함께 직접 농사를 지음

1480년 46세 도교에 깊은 관심을 가짐

1481년 47세 환속하여 안씨 집 여인과 결혼함

1483년 49세 부인과 사별, 정국이 혼란해 다시 유랑생활에 들어감

1484년 50세 《경국대전》 반포

　　　　　　 교황청 〈마녀교서〉 발표(18세기까지 마녀 희생자 100만 명 이상)

　　　　　　 명나라 심각한 가뭄 및 기근 발생

1485년 51세 영국 30년 장미전쟁이 끝남

1492년 58세 콜럼버스 아메리카에 도착

1493년 59세 김시습 병으로 세상을 떠남

참고문헌

《노봉집老峯集》.

《대산집大山集》.

《매월당집》.

《미암선생집眉巖先生集》.

《윤지당유고允摯堂遺稿》.

《열하일기》.

《자저自著》.

《정부인 안동 장씨 실기貞夫人安東張氏實紀》.

《정일당유고靜一堂遺稿》.

《조선왕조실록》.

김미란 지음, 《조선시대 양반가 여성의 생애와 풍속》, 평민사, 2016.

김소월, 〈초혼〉.

김수연 지음, 《유遊의 미학, 금오신화》, 소명출판, 2015.

박무영 외 지음, 《조선의 여성들, 부자유한 시대에 너무나 비범했던》, 돌베개, 2004.

소포클레스 지음, 천병희 옮김,《소포클레스 비극전집, 트라키스
여인들》, 숲, 2008.

심경호 지음,《김시습 평전》, 돌베개, 2003.

오대혁 지음,《금오신화와 한국소설의 기원》, 역락, 2007.

이마미치 도모노부 지음, 이영미 옮김,《단테 신곡 강의》, 안티쿠스,
2008.

이숙인, '소통으로 뜻을 이룬 신천 강씨', 한겨레신문 2018년 7월 5
일자.

이혜순·정하영 역편,《한국 고전 여성 문학의 세계: 산문편》, 이대
출판부, 2003.

입센 지음, 김유정 옮김,《인형의 집》, 혜원출판사, 1999.

정해은 지음,《조선의 여성, 역사가 다시 말하다》, 너머북스, 2011.

중국 설화집,《태평광기太平廣記》.

플라톤 지음, 박종현 옮김,《국가》, 서광사, 2005.

한나 아렌트 지음, 이지우 옮김,《인간의 조건》, 한길사, 1996.

한영우 지음,《과거, 출세의 사다리》, 지식산업사, 2013.

허신, 단옥재 지음,《설문해자주》, 천공서국, 중화민국 76년, 338쪽.